L'ÉVANGÉLISTE sous toutes ses FORMES

RAPHAËL ANZENBERGER

L'ÉVANGÉLISTE sous toutes ses FORMES

MODE D'EMPLOI
d'un ministère donné à l'Église

AVEC LA PARTICIPATION DE
Didier Chastagnier/Jean-Claude Girondin
Pierre Lachat/Saotra Rajaobelina
Rebecca Taylor/Florent Varak/et d'autres

BLF EUROPE

Éditions BLF • Rue de Maubeuge
59164 Marpent • France

En collaboration avec France Évangélisation
et le Forum des Évangélistes

Forum des Évangélistes

L'Évangéliste sous toutes ses formes • Raphaël Anzenberger

Couverture : Éditions BLF
Illustrations : Samuel Provoost • Éditions BLF
Mise en page : Éditions BLF • www.blfeurope.com
Impression n° 09203121234 • Sepec • 01960 Péronnas • France

Sauf mention contraire, les citations bibliques sont tirées de la *Bible des Nouvelles éditions de Genève* (NEG).

Les italiques sont ajoutés par l'auteur du présent ouvrage.

ISBN 978-2-36249-151-1	Relié/Broché
ISBN 978-2-36249-152-8	ePub
ISBN 978-2-36249-154-2	Mobipocket
ISBN 978 -2-36249-153-5	PDF

Dépôt légal 1er trimestre 2013
Index Dewey (CDD) : 266.001
Mots-clés : 1. Missiologie. Évangélisation.
2. Ministères. Dons.
3. Ecclésiologie.

TABLE DES MATIÈRES

DÉDICACE

À Abigail, ma fille.
Toi qui fais la joie de son père,
Et souvent l'embarrasse par ton zèle pour l'Évangile
Que ce livre t'encourage à exceller comme évangéliste !

REMERCIEMENTS

Ce livre est en grande partie le fruit de ma thèse de doctorat à Columbia international university[1]. Je remercie à nouveau la fondation Leighton Ford Ministries, Lloyd Trust et Zacharias Trust pour leurs contributions généreuses qui m'ont permis de mener à bien mes recherches. Roy King, mon directeur de thèse, ainsi que Martin Sanders et Mike Barnett du comité, pour leur encouragement à publier mon travail. Merci au Comité international du Forum des évangélistes de l'espace francophone pour leur appui sur ce projet.

Ce livre est aussi l'histoire d'évangélistes qui m'ont profondément influencé dans ma réflexion théologique, et ma pratique du ministère. Marie-Louise, ma grand-mère, pour son courage d'annoncer l'Évangile même dans l'adversité. Bill Jones, mon professeur d'évangélisation, pour sa passion de partager sa foi à tous ceux que Dieu met sur sa route. Leighton Ford, mon mentor, pour sa vision de l'évangélisation mondiale exprimée au travers du Mouvement de Lausanne. Ravi Zacharias, pour sa rigueur dans l'articulation de la pensée, fondée sur les Écritures et toujours en phase avec la société.

Enfin, un immense merci à Alain Stamp pour ses nombreuses relectures du manuscrit, et à tous mes amis qui ont contribué à cet ouvrage (dans l'ordre d'apparition) : Emmanuel, Lindsay, Saotra, Florent, Marc, Jean-Paul, Daniel, Jean-Claude, Olivier, Pierre, Jay, Timothée, Didier, Aurélien, Rebecca et Philippe. Ce livre est aussi le vôtre !

[1] *Formative evaluation of R2E : Mentoring a new generation of evangelists for France* [Thèse de doctorat]. Columbia (USA) : Columbia international university, 2011.

INTRODUCTION

Pourquoi un mode d'emploi ?

Pour mes trente ans, ma femme m'a offert un barbecue. Deux ans à tourner autour des différents modèles ! Karen a tranché, ce sera celui-là. En tout point parfait ! À moi saucisses, côtelettes et autres ailes de poulet ! Je me sentais... irrésistible. Je vivais le rêve américain : j'habitais dans un mobile home sur le campus de l'université de Columbia en Caroline du Sud et je conduisais une BMW, celle de mon beau-père. J'étudiais pour devenir évangéliste tout en travaillant chez Michelin où je mettais en pratique tout ce que j'apprenais. Le bonheur absolu.

Pour immortaliser ce moment, Karen avait invité tout le village de mobiles homes, ou presque. Et quelques collègues de l'usine avec qui j'étudiais la Bible tous les jeudis au McDo avant de prendre notre poste de travail à 8 heures. Le barbecue trônait au milieu de notre salon. Flambant neuf.

Après le gâteau traditionnel, je me jetai à corps perdu sur l'objet tant convoité. J'observais la même frénésie chez mes collègues de travail. Ils étaient impatients de mettre la bête en marche ! Le barbecue était en pièces détachées. La tension était à son comble. Des dizaines de pièces jonchaient le sol du salon. Très vite, je compris l'enjeu. Il fallait que nous nous organisâmes (j'aime utiliser le passé simple).

Je confiai à Richard la direction du groupe de travail. Richard avait terminé major de sa promotion de l'École polytechnique. J'avais recruté le meilleur. Il me fallait mettre toutes les chances de mon côté. Laurent, centralien, le secondait. La crème de la crème, l'élite française était en effervescence autour de mon barbecue.

— Je connais bien le procédé, j'en ai déjà vu plusieurs de ce type, avançait Richard d'une voix qui se voulait rassurante. Classique, il faut commencer par la grille du haut.

Laurent fronçait le sourcil. C'était le sceptique de la bande. Il cherchait toujours à optimiser le travail :

— Je pense que l'on pourrait aller plus vite en plaçant d'abord la grille du bas.

J'étais pris en embuscade. Il me fallait trancher. Ce serait la grille du haut.

Karen qui passait par là nous fit remarquer que nous avions jeté le mode d'emploi avec l'emballage.

Mode d'emploi. Qui a besoin d'un mode d'emploi ? Sûrement pas nous, les hommes. C'est pour les femmes, les modes d'emploi. Nous, nous sommes nés avec le sens de l'ingénierie. Nous brillons par notre savoir. Après tout, c'est nous l'élite française.

Le barbecue résistait. La bête ne voulait pas se laisser dompter. *Que nenni !* Elle allait plier le genou d'une minute à l'autre. Richard avait mené le projet de main de maître. Avec beaucoup de satisfaction, il s'exclama :

— C'est fini !

Les convives retenaient leur souffle. Il ferma le couvercle... La grille du bas dépassait.

— Défaut de fabrication ! s'écria-t-il.

Laurent fronçait le sourcil avec encore plus de gravité. Il se risqua :

— Je pense qu'il fallait effectivement commencer par la grille du bas.

Karen avait posé le mode d'emploi sur une chaise, au cas où.

Frustrés, nous dépeçâmes la bête. Laurent prit la direction du chantier. Les gestes étaient nerveux. Richard pestait contre ces-pièces-fabriquées-en-Chine-qui-ne-respectent-pas-les-normes-européennes. Quelques minutes plus tard, soulagé, Laurent s'exclama :

— C'est fini !

Il ferma le couvercle... La grille du haut dépassait. Ridicule.

Nous nous sentions humiliés, la France venait de perdre sa face. Karen ne disait rien. Elle souriait. J'aime ma femme. Elle a toujours raison.

* * * * *

Vous tenez dans vos mains un mode d'emploi pour évangéliste. Son but : clarifier l'utilité, le fonctionnement et la finalité de ce ministère souvent méconnu. *L'Évangéliste sous toutes ses formes* est aussi une invitation pour les pasteurs, théologiens, et responsables d'Église à saisir les enjeux du déploiement d'un tel ministère au sein de leurs institutions. C'est enfin un outil qui permet d'accompagner le développement de la formation d'évangélistes au travers de la francophonie. Et même au-delà.

L'évangéliste est une race en voie de réapparition. Certains s'en réjouissent, d'autres sont plus sceptiques. Ces derniers gardent un souvenir mitigé des expériences du passé. Un peu comme une grille de barbecue qui dépasse lorsque l'on ferme le couvercle. L'évangéliste fait peur. Il ne rentre pas dans les normes. Défaut de fabrication ? Pas sûr. Peut-être qu'une partie du défi est de comprendre à nouveau comment Dieu, dans sa sagesse infinie, a voulu ce ministère pour l'édification des saints. Car ne l'oublions pas, c'est Dieu lui-même, en Christ, qui donne à l'Église certains « comme évangélistes » (Éph. 4 : 11).

Disqualification théologique ?

Le terme évangéliste (*euangelistês*) n'apparaît que trois fois dans le Nouveau Testament :

- En Actes 21 : 8, le texte mentionne « Philippe l'évangéliste » ;
- En Éphésiens 4 : 11, l'évangéliste est présenté comme une des fonctions accordées par Christ à l'Église ;
- En 2 Timothée 4 : 5, Paul exhorte Timothée son protégé à « faire l'œuvre d'un évangéliste ».

Gerhard observe : « En dehors de la littérature ecclésiale, ce mot reste rare. Mis à part le contexte chrétien, le nom n'apparaît que sur une inscription grecque de Rhodes, IG, XII, 1, 675, 6 où il désigne "un individu qui proclame des oracles[2]" ».

Les rares mentions du ministère d'évangéliste dans le Nouveau Testament pourraient conduire certains à juger secondaire, voire inutile, ce ministère pour la vie d'Église. Jacques Buchhold rappelle que « Éphésiens 4 : 11-12 est aussi le seul passage des épîtres du Nouveau Testament qui utilise le nom "pasteur" pour désigner des responsables d'Église [...]. Néanmoins personne ne doute de l'importance du rôle des pasteurs pour la communauté chrétienne[3] ! »

Mais pourquoi un usage si limité du terme *euangelistês* dans les Écritures ?

> [L'emploi de ce mot dans trois endroits du Nouveau Testament] démontre qu'il est entré tardivement dans le langage de la mission. Le motif de l'introduction de ce mot reste une interrogation à ce jour. En effet, à l'époque, le mot « apôtre » s'appliquait déjà à un cercle de pionniers bien particuliers et clairement définis. Et ceux qui se trouvaient en dehors de ce cercle, mais qui avaient un ministère similaire de prédication étaient appelés « évangélistes ». La distinction entre « apôtre » et « évangéliste » ne s'opère pas sur le plan de la fonction. Elle résulte plutôt du fait qu'il est apparu à une période plus tardive[4].

Nous voilà rassurés. Le ministère d'évangéliste ne souffre apparemment pas de disqualification théologique ! Nous pouvons continuer la lecture de ce manuel.

Vers une définition de l'évangéliste

L'évangéliste est celui qui annonce, qui prêche et répand l'Évangile, en particulier la Bonne Nouvelle de Jésus-Christ. Quand bien même le nom *euangelistês* n'apparaît que trois fois dans le Nouveau Testament, le verbe *euangelizomai* (« évangéli-

---

[2] Friedrich GERHARD, *Theological dictionary of the New Testament*. Grand Rapids (USA) : Eerdmans, 1964, p. 736 (trad. libre de l'auteur).

[3] Jacques BUCHHOLD, « Évangéliste », in *Dictionnaire de Théologie Pratique*. Charols : Excelsis, 2011, p. 383.

[4] Werner KRAMER, *Christ, Lord, Son of God*. Naperville (USA) : Allenson, 1966, p. 55 (trad. libre).

ser ») est présent plus fréquemment (54 fois). Ainsi, Jésus était un évangéliste, car il prêchait la Bonne Nouvelle (Luc 20 :1). Paul exerçait le ministère d'évangéliste (Rom. 1 :15), ainsi que Philippe le diacre (Actes 21 :8) et Timothée le pasteur (2 Tim. 4 :5). Les apôtres et leurs premiers convertis étaient évangélistes, car « ceux donc qui avaient été dispersés allaient de lieu en lieu, annonçant la bonne nouvelle de la parole » (Actes 8 :4). L'évangéliste proclame la Bonne Nouvelle de Jésus-Christ et invite les hommes à placer toute leur confiance en lui. C'est un double mouvement qui va de l'intérieur vers l'extérieur (de l'Église vers ceux hors de l'Église), et de l'extérieur vers l'intérieur (des repentis vers l'Église). Ce mouvement est porté par des hommes et des femmes qui ont reçu une qualification particulière du Saint-Esprit pour amener les perdus à la repentance et au salut.

Smith résume ainsi le ministère d'évangéliste :

> Un évangéliste, selon la Bible, est une personne qualifiée par Dieu pour proclamer son nom et sa puissance à ceux qui sont en dehors du peuple de Christ, afin de les amener à connaître la puissance rédemptrice de l'Évangile, à s'attacher à cet Évangile et à devenir membres à part entière du corps des rachetés[5].

Sommes-nous tous évangélistes ?

La corrélation entre le ministère d'évangéliste et la tâche d'évangéliser apparaît clairement dans le Nouveau Testament[6]. Dans un sens strict, l'évangélisation est donc du ressort des évangélistes.

Si tous les croyants ne sont pas évangélistes, tous sont néanmoins appelés à être témoin de leur engagement. Ainsi, Pierre exhorte les saints à « sanctifie[r] dans [leurs] cœurs Christ le Seigneur, étant toujours prêts à [se] défendre, avec douceur et respect, devant quiconque [leur] demande raison de l'espérance qui est en [eux] » (1 Pi. 3 :15). Paul, de même, exhorte les chrétiens dans le même sens : « Que votre parole soit toujours accompa-

---

5 Alfredo Smith, « The evangelist and a torn world : We are called by God », in *The work of an evangelist*. Minneapolis (USA) : World Wide Publications, 1983, p. 152 (trad. libre).

6 Pour une étude approfondie de l'usage du terme *eugelizomai*, se référer à l'article de Jacques Buchhold, « La Nature du ministère d'évangéliste dans le Nouveau Testament », in *Dictionnaire de Théologie Pratique*, op. cit., p. 384.

gnée de grâce, assaisonnée de sel, afin que vous sachiez comment il faut répondre à chacun» (Col. 4:6). En d'autres termes, nous pourrions dire que nous sommes tous des témoins, et que certains de ces témoins sont donnés à l'Église comme évangélistes.

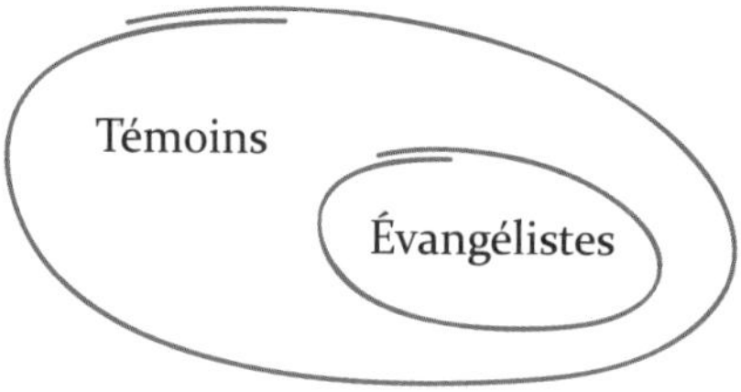

Dieu œuvre en francophonie !

Ce livre est porté par des évangélistes du monde francophone. Il est le fruit de plus de dix ans de réflexions théologiques personnelles (qui forment les sept premiers chapitres de la première partie), et de nombreuses conversations avec des collègues francophones d'Europe, du Canada, des Antilles et d'Afrique. Plusieurs interviendront en seconde partie du livre pour apporter leur expertise, leur éclairage sur un aspect particulier de ce ministère.

Dieu nous surprend. Alors qu'en 2005, lors de la Consultation nationale sur l'évangélisation à Lyon (France), la situation semblait catastrophique, avec seulement une poignée d'évangélistes continuant tant bien que mal leur ministère dans l'hexagone. Cinq ans plus tard, plus de deux cents évangélistes se donnaient rendez-vous au même endroit pour assister à la quatrième édition du Forum des évangélistes Europe. Un tiers des participants avait moins de vingt-cinq ans. L'Europe francophone se réveille à l'heure de l'évangélisation. Même constat au Québec, avec plus de trois cents participants au Forum des évangélistes Canada. L'Afrique de l'Ouest, l'Afrique Centrale, les Antilles suivent le mouvement... Le feu du ministère embrase l'espace francophone.

Dieu nous surprend. Et certaines réactions aussi :

- Faut-il vraiment revenir à ce ministère ? N'est-il pas dépassé ?
- L'évangéliste ne serait-il pas simplement un pasteur assistant, sans formation théologique ?
- Si nous encourageons ce ministère, est-ce que nous ne risquons pas de démobiliser les chrétiens au témoignage personnel ?

Les grilles dépassent. Celle du haut. Et du bas aussi. Les couvercles ne ferment plus. Panique à bord. Mais Dieu veille. Le mode d'emploi est sur la chaise. Saurons-nous nous en emparer ?

PREMIÈRE PARTIE

Fondement théologique du ministère d'évangéliste

CHAPITRE 1
Tous des Billy Graham ?
Un ministère, plusieurs expressions

Fermez les yeux. J'en vois quelques-uns qui les ont encore ouverts… Si je vous dis « évangéliste », quelle image vous vient à l'esprit ?

Gare aux clichés !

Où que j'enseigne (Europe, Canada, Afrique), l'image de l'évangéliste qui domine l'inconscient est celle de Billy Graham. Billy est l'archétype des évangélistes.

J'ai toujours désiré rencontrer Billy Graham. Un peu comme certains vont au Vatican pour y rencontrer le Pape. Je suis parti aux États-Unis pour y rencontrer Billy. Je n'ai, pour l'instant, jamais eu le privilège de lui serrer la main. Lorsque j'écoute Blair Carlson, administrateur des campagnes de « Mister Graham » (comme il aime l'appeler), mon admiration pour lui ne fait que grandir.

Un jour, j'ai demandé à Blair de me partager le plus grand secret qu'il ait appris de cet homme de Dieu : « **Preach the Gospel, brother !** Prêche l'Évangile mon frère ! »

Voilà résumé, en quelques mots, la passion de l'homme. À la fin de chaque message, il demandait à Blair : « Ai-je été fidèle au message biblique ? Ai-je prêché tout l'Évangile ? » Troublant de voir un évangéliste, après tant d'années de ministère, s'empresser de passer au crible son message pour s'assurer de sa fidélité aux Écritures !

Nous nous souvenons des paroles de Paul, un autre évangéliste : « Ce n'est pas pour baptiser que Christ m'a envoyé, c'est pour annoncer l'Évangile, et cela sans la sagesse du langage, afin que la croix de Christ ne soit pas rendue vaine. Car la prédication de la croix est une folie pour ceux qui périssent; mais pour nous qui sommes sauvés, elle est une puissance de Dieu» (1 Cor. 1:17-18). Je prie que le Seigneur m'aide à rester fidèle à l'Évangile. Tous les jours. Merci *Mister Graham* pour votre exemple.

Si Billy Graham est l'archétype de l'évangéliste, est-ce que tous sont appelés à être des proclamateurs itinérants ? S'il y a un seul message à proclamer, l'Évangile, il y a aussi différentes manières de le communiquer. Telle est la thèse de ce chapitre.

Les sept expressions du ministère d'évangéliste

Lors de la Consultation nationale sur l'évangélisation à Lyon en 2005, mon collègue et ami Emmanuel Maennlein a proposé une typologie des ministères d'évangélistes classifiée en sept expressions différentes[7]. Cette typologie est la traduction d'une réalité que nous observons partout où nous allons.

1. L'évangéliste proclamateur

Ce sont les Billy Graham, Stephen Lungu, Luis Palau, Becky Pippert, de notre temps. L'évangéliste proclamateur prêche l'Évangile. Il ne vit que pour cela. Même dans son sommeil, il prêche l'Évangile (pour avoir plusieurs fois partagé ma chambre avec Emmanuel Maennlein, je peux vous assurer que c'est vrai !).

Le proclamateur est stimulé à chaque fois qu'il met les pieds sur l'estrade. Plus il y a de monde, plus son cœur bat vite. À peine a-t-il commencé son sermon qu'il pense déjà à l'appel ! Le proclamateur prépare son message dans la solitude de son bureau, pour le communiquer à la multitude venue l'écouter. C'est aussi le paradoxe du proclamateur. Seul et tellement entouré !

Le proclamateur doit, plus que n'importe quel autre, travailler son message (cf. chap. 4). Une solide formation théologique, accompagnée d'une bonne dose d'homilétique, est vivement recommandée. Le discernement spirituel est indispensable

---

[7] Dans sa sagesse infiniment variée, Dieu peut aussi diversifier le ministère d'un seul évangéliste ou le faire évoluer d'une expression à une autre.

pour bien différencier les motivations du cœur, lorsque quelqu'un demande un entretien privé à la suite d'un message. Tout cela s'apprend et s'aiguise par la pratique de l'exercice du ministère.

• **Le plus du proclamateur :** l'évangélisation de masse ! Le proclamateur s'adresse à un public plus ou moins large et a la joie de voir régulièrement des personnes répondre à l'appel. Ses lettres de nouvelles fourmillent de témoignages poignants. Quelle grâce de voir de ses propres yeux des personnes répondant au message de l'Évangile par dizaines, centaines, voire milliers ! Quelle grâce, et quelle responsabilité !

• **Le moins du proclamateur :** la solitude. Le proclamateur voyage le plus souvent seul. Fréquemment, la gestion de *l'après* message est plus compliquée que *l'avant* message. Il est seul dans sa chambre d'hôtel, la fatigue physique et émotionnelle le saisit. Il lutte avec ses pensées les plus sombres. Entre fierté et humilité, le proclamateur doit s'appliquer son propre message. Et revenir à la croix pour y déposer toute gloire qu'il se serait appropriée.

POUR UN PORTRAIT PLUS COMPLET DU PROCLAMATEUR, RENDEZ-VOUS AVEC OLIVIER PFINGSTAG AU CHAPITRE 13.

2. L'évangéliste artiste

Ce sont les Philippe Decourroux, les frères Lajoie du groupe The Kry et autres Auderset de notre temps ! L'évangéliste artiste utilise son art pour communiquer l'Évangile. Le chant, le dessin, le *live-painting*. Autant de supports divers et variés qui viennent accompagner la communication du message de la croix. Attention à la confusion ! Il y a *évangéliste* artiste... et artiste *chrétien*. Ce n'est pas la même chose. Même si les deux ont toute leur légitimité, l'évangéliste artiste utilise l'art comme support pour prêcher l'Évangile. L'art n'est pas la finalité, c'est la communication du message qui l'est.

L'évangéliste artiste est bourré de talent. C'est un artiste ! Tout est dit. On ne se proclame pas artiste. C'est une grâce qui se reçoit, un talent qui se travaille, un trait qui s'assume. Dieu est aussi un artiste. Un poète même ! Paul nous rappelle que « nous sommes son ouvrage [*poiema*], ayant été créés en Jésus-Christ pour de bonnes œuvres, que Dieu a préparées d'avance, afin que nous les pratiquions» (Éph. 2:10). Dieu plus que n'importe qui comprend l'évangéliste artiste!

• **Le plus de l'évangéliste artiste:** son art! L'évangéliste artiste est connu et reconnu pour la qualité de son art. Albums, BD, peintures, autant de supports pour porter le message de l'Évangile au plus grand nombre! L'évangéliste artiste peut aussi utiliser son ministère pour se faire la voix d'une cause sociale ou humanitaire. Pierre Lachat, par exemple, associe son ministère à celui du SEL et promeut le parrainage d'enfants. Philippe Decourroux utilise ses concerts comme plateforme d'information sur la réalité du trafic humain.

• **Le moins de l'évangéliste artiste:** son art! L'angoisse de la feuille blanche, après une semaine «mise à part» pour l'écriture d'un album... «Seigneur, inspire-moi! Vite!» L'artiste doit se battre continuellement avec lui-même pour puiser dans les sources les plus profondes de sa créativité.

Si son art est un formidable moyen de communiquer l'Évangile au plus grand nombre, il faut aussi réussir à le promouvoir. Pas facile! L'évangéliste artiste vit de son art, et cela nécessite beaucoup d'investissements en temps, en argent, sans forcément de garantie de résultat. L'artiste peut alors être tenté de faire de son art une *finalité*, plutôt qu'un *moyen* au service de la proclamation. On parle moins de la croix. Les appels sont «super soft» pour ne pas effrayer les PEC (pas encore chrétiens). L'évangéliste s'efface devant son art.

Dernier élément: la critique! Les néophytes aiment plus que tout partager leur avis sur tout. Nos Églises ne sont pas avares dans ce genre. «Je préfère le style d'avant, tu régresses... Mais ce n'est que mon *humble* avis». Gloups!

POUR UN PORTRAIT PLUS COMPLET DE L'ÉVANGÉLISTE ARTISTE, RENDEZ-VOUS AVEC PIERRE LACHAT AU CHAPITRE 14.

3. L'évangéliste implanteur

Il peut paraître surprenant de classer l'implanteur d'Église dans la catégorie évangéliste. Je le reconnais. Les missiologues puristes, dont je suis, préféreront distinguer la fonction évangéliste de la fonction apostolique, ou l'évangéliste de l'implanteur. Alors, pourquoi le faire apparaître ici ? Qui peut le plus peut le moins. Autrement dit, un implanteur est un évangéliste qui pense l'évangélisation comme un système qui doit se structurer en communauté de vie. C'est un évangéliste qui a souffert d'une mutation ADN.

Alan Hirsch[8] propose de distinguer les deux expressions de ministère de la manière suivante :

	Implanteur	**Évangéliste**
Impact missionnel	Extension	Croissance
Métaphore	Missionnaire	Messager
Emphase	Missionnelle (va vers)	Attractionnelle (vient à moi)
Fruit	Églises implantées	Personnes sauvées
Passion	Mouvements	Conversions
Croissance	Par multiplication	Par addition
Compétence	Multiculturel	Monoculturel
Sphère	Translocal	Supralocal
Rôle	Architecte	Bâtisseur
Perception de leur contribution	Agitateur et développeur	Atout pour la croissance
Perspective	Macro. Système	Micro. Personnel
Appel	International	National, régional
Résultante	Projets stratégiques	Relations

[8] Alan Hirsch et Tim Catchim, *The Permanent revolution : Apostolic imagination and practice for the 21st century Church*. San Francisco : Jossey-Bass Leadership Network Series, 2012, Tableau 3.1 (trad. libre).

J'entends déjà des voix s'élever : « Tout à fait d'accord ! », « Aucun sens ! ». Toujours est-il que si les deux se distinguent, il reste beaucoup de similitudes. Les deux doivent aller au charbon.

L'apôtre Paul était un implanteur d'Église extraordinaire (implanter l'Église de Philippes en deux semaines n'est tout de même pas normatif), mais c'était aussi un évangéliste hors pair. Le point de contact de ces deux ministères reste la culture. L'implanteur doit pouvoir rentrer en phase avec la société dans laquelle il souhaite implanter l'Église. Il peut s'entourer d'évangélistes, mais il doit montrer l'exemple ! L'implanteur fait l'œuvre d'un évangéliste. Plus encore ! Là où l'évangéliste voit des âmes à sauver, lui voit une Église à implanter.

Mon analyse diffère de celle de Hirsch sur la sphère d'influence de l'évangéliste. Ce dernier limite ce ministère à la sphère translocale, autrement dit à la proximité géographique et sociologique de son Église d'origine. Mais *quid* de l'exemple de Philippe dans les Écritures ? Philippe l'évangéliste traversait des frontières sociales (Actes 8 :26-40), culturelles (Actes 6 :1-6 ; 21 :8) et religieuses (Actes 8 :5-13). Même si son ministère s'est cantonné à la Judée, Philippe avait la vision des nations ! Son ministère était donc transculturel et supralocal ! Celui de Billy Graham l'était aussi !

• **Le plus de l'évangéliste implanteur :** l'Église implantée ! Quelle joie de voir le fruit de son ministère donner naissance à une Église, une communauté de personnes unies par le lien de l'Esprit, autour de la croix, dans une relation intime au Père ! L'Église est le reflet de la Trinité ! Unité dans la diversité, le tout en communauté !

• **Le moins de l'évangéliste implanteur :** l'Église implantée ! Une fois le travail terminé, deux réalités s'imposent naturellement : rester trop longtemps et ne pas transmettre le leadership de l'Église à l'Église, ou choisir de partir en pré-retraite ! Car l'implantation d'une Église demande un investissement colossal pour l'évangéliste implanteur, tant au niveau personnel que familial. Une implantation ça va, deux peut-être, mais trois ? Sans moi !

POUR UN PORTRAIT PLUS COMPLET DE L'ÉVANGÉLISTE IMPLANTEUR, RENDEZ-VOUS AVEC JAY PENNEY AU CHAPITRE 15.

4. L'évangéliste propagateur

Ils sont toujours là. Qu'il pleuve ou qu'il vente. Les évangélistes propagateurs arpentent le terrain. Spectacle de rue à la sortie d'une gare SNCF, porte-à-porte dans l'immeuble d'à côté, stand biblique sur le marché, sondage sur les plages. Nous voyons leur visage, leur sourire, toujours une Bible ou un tract en poche, prêts à dégainer lorsque l'occasion, favorable ou non, se présente. Les évangélistes propagateurs sont mes héros. Que de courage ! Que de ténacité ! Que de zèle ! Le terrain, ils connaissent ; le terrain, ils l'aiment !

Qui a dit que nous n'avions plus besoin d'évangélistes propagateurs au XXIe siècle ? Ceux qui restent au chaud dans le confort de leurs assemblées ? **Stop !** Comme le rappelait Ulrich Parzany : « Dieu est multicolore ! Chaque expression du ministère d'évangéliste est un signe de la créativité divine. Qui sommes-nous pour disqualifier telle ou telle couleur parce qu'elle ne serait pas de notre goût ? Savons-nous mieux que Dieu ? » Je me souviens, c'était en 2005, immédiatement après l'intervention d'Emmanuel Maennlein. À ma droite et ma gauche, j'avais deux évangélistes qui se faisaient la guerre par livres interposés :

— Ceci n'est plus à la mode, arrêtons de faire ainsi !

— Scandale ! criait l'autre, il n'y a que comme ça que Dieu opère dans l'évangélisation.

Dieu est multicolore…

L'évangéliste propagateur aime le terrain. Il vit pour le terrain. Là où d'autres seraient pétris de peur et imagineraient une foule hostile, eux sont saisis d'un courage venu d'ailleurs et voient là une occasion extraordinaire d'annoncer l'Évangile. Mystère ! Je me souviens, Philippe dirigeait un camp d'évangélisation dans les rues de Saint-Étienne. Le sondage était son truc ! Alors que l'équipe, fatiguée et éreintée d'avoir arpenté les rues tout l'après-midi, voyait déjà la soupe chaude servie sur la table, Philippe était encore en train de remplir un sondage : « Le dernier ! » disait-il. Il fallait le transporter de force, ses pieds continuant à s'agiter en l'air : « Encore un dernier ! Encore un dernier ! » criait-il. C'est le propagateur : « Encore une personne ! Je donnerais ma soupe chaude pour parler à encore une personne ! »

• **Le plus de l'évangéliste propagateur:** sa passion pour le terrain et sa facilité de rentrer en contact avec les gens. L'autre jour, j'étais dans les rues de Genève avec David. J'étais fasciné par sa capacité à créer des situations au travers de son instrument de musique pour parler de sa vie, de l'Évangile, comme si vous et moi parlions du beau temps avec notre voisin! Déconcertant, mais tellement rafraîchissant. L'évangéliste propagateur est un formidable mobilisateur. Il ne se contente pas d'aller seul, il voudrait tellement que tout le monde partage sa joie d'aller à la rencontre d'inconnus.

• **Le moins de l'évangéliste propagateur:** l'évangéliste propagateur ne comprend pas pourquoi tout le monde n'est pas comme lui. Ça le travaille. Grande est sa frustration, lorsqu'après la énième communication dans son Église, «c'est toujours les deux mêmes qui se retrouvent le samedi après-midi dans la rue». «Si l'Église veut se réveiller, il faut qu'elle sorte!» disent-ils. La rue, c'est un art. Tout le monde ne peut pas le faire. Mais sachons les encourager à notre manière!

Pour un portrait plus complet de l'évangéliste propagateur, rendez-vous avec Timothée Pomier (ELAM) au chapitre 16.

5. *L'évangéliste animateur*

Si dans votre jeunesse vous avez fait une colo chrétienne, vous les avez rencontrés. Ils vous ont même peut-être amenés à Christ par leur spectacle de marionnettes ou leurs prestidigitations. Si vous avez fait de la prison (ce que je ne vous souhaite pas), vous les avez aussi côtoyés. Ils vous ont apporté une parole d'espérance dans un monde qui se limite à quatre murs. Vous avez découvert la liberté... en Christ!

Je veux parler des Tom et Carotte, Gilbert Joss et Gérard Peilhon, les évangélistes animateurs! Leur ministère est orienté vers une tranche spécifique de la société: les enfants, les ados, les *business people*, les jeunes «de la cité», les personnes âgées, les prisonniers, les personnes dépendantes. Autant de publics variés qui nécessitent une formation particulière pour les atteindre dans leur réalité souvent bien spécifique.

Les évangélistes animateurs ont un fardeau pour ces populations-là. D'où leur vient-il ? De Dieu, de leur histoire, du contexte social. C'est au nom de la justice et de l'équité qu'ils défendent le bien-fondé de leur ministère : tout le monde a le droit de savoir qu'il y a un Dieu qui les aime, et qui les veut à lui ! C'est souvent au prix d'une formation longue et fastidieuse qu'ils exercent leur appel d'évangéliste avec beaucoup de conscience professionnelle. Il n'y a pas d'improvisation à ce niveau-là. Il faut être formé, bien formé, afin que le messager de l'Évangile ne soit pas disqualifié par les autorités qui scrutent avec beaucoup d'attention (de méfiance, souvent) les faits et gestes de ces employés peu ordinaires. Mais lorsqu'un travail est bien fait, et que le public est heureux, difficile de trouver à redire !

• **Le plus de l'évangéliste animateur :** son professionnalisme ! C'est la garantie d'un travail sérieux et porteur de fruit ! Je me souviens d'un évangéliste parmi les enfants des rues en Roumanie qui avait proposé d'organiser des spectacles dans la ville… qui plus est, dans *le* jardin public ! Je tremblais. En plus, il avait mis le paquet ! Sono, décor pour marionnettes, nez rouge et j'en passe. J'avais peur pour lui, et surtout pour moi ! Quelle ne fut pas ma surprise (je suis un homme de peu de foi, je me soigne) ! Les enfants étaient enchantés, et leurs parents interpellés : « Ça fait deux heures que nos enfants jouent avec vous, et personne ne se tape dessus, vous faites comment ? » me demandait une maman. Ah ! la puissance de l'Évangile, annoncé par des évangélistes qui excellent dans leur domaine… Que du bonheur !

• **Le moins de l'évangéliste animateur :** le défi de la relève. Bien souvent, l'évangéliste animateur est tellement préoccupé par son ministère, et son souci de l'excellence, qu'il en oublie des fois de passer le flambeau à d'autres évangélistes animateurs en herbe. Son souci du professionnalisme l'oblige à la prudence. Cela se comprend, mais cette prudence peut parfois se transformer en chasse gardée. Dommage. Lorsqu'ils ont commencé leur ministère, il a bien fallu faire avec, et surtout sans ! Au final, Dieu n'est-il pas celui qui ouvre véritablement les portes du ministère (cf. Col. 4:3) ?

POUR UN PORTRAIT PLUS COMPLET DE L'ÉVANGÉLISTE ANIMATEUR, RENDEZ-VOUS AVEC DIDIER CHASTAGNIER AU CHAPITRE 17.

6. L'évangéliste apologète

Il parle compliqué, cite plein d'auteurs, s'intéresse aussi bien à la philo qu'à la cosmologie, achète des livres, lit ces livres, dort avec ses livres. C'est l'évangéliste apologète, celui qui défend la foi chrétienne et met l'apologétique, discipline classiquement rangée dans le département de la dogmatique, au service de l'évangélisation. C'est Ravi Zacharias, John Lennox, et autres Alister McGrath. Une tête bien remplie, mais un cœur qui brûle pour l'Évangile. Combinaison rare mais utile pour l'évangélisation des élites, mais aussi des masses !

Les évangélistes apologètes ont marqué l'histoire de l'Église : Justin Martyr, Irénée de Lyon, Origène, Augustin, Thomas d'Aquin, Pascal, Kierkegaard, Newbigin, Schaeffer, Van Til. Des légendes qui ont chacun donné naissance à une école de pensée apologétique. Évidentialiste, présuppositionaliste, existentialiste, etc. Certains se spécialisent dans un champ de connaissance comme l'épistémologie ou le dialogue entre sciences et foi, d'autres sont plus généralistes. L'évangéliste apologète est un monstre de connaissance. Mais il se souvient toujours que la croix est folie pour le monde, et que la vraie sagesse, c'est de connaître le Père, et son Fils qu'il a envoyé, par le renouvellement de l'intelligence qu'opère l'Esprit.

Les évangélistes apologètes sont à l'affût. Tels les Indiens d'Amérique qui écoutaient les vibrations dans le sol pour guetter l'arrivée des envahisseurs, les apologètes écoutent les grondements sourds de la société. Ils savent que les courants philosophiques se traduisent dans les arts avant de pénétrer dans le cœur de la masse. Ils font l'exégèse de la culture et tirent la sonnette d'alarme lorsque le danger s'approche. Attention : ultra-modernisme, relativisme, pluralisme en vue ! Sitôt perçue l'attaque sur les fondements de la foi, sitôt publiée une réponse adéquate. Tous les moyens sont bons : livres, émissions télé, podcast, conférences, blog. Autant de vecteurs de communication pour apporter une défense (*apologia*) « devant quiconque [...] demande raison [*logos*] de l'espérance qui est en [nous] » (1 Pi. 3:15).

• **Le plus de l'évangéliste apologète :** son expertise ! L'évangéliste apologète impressionne de par l'étendue de son savoir. Il touche à tout, et semble avoir toujours réponse à tout.

Fascinant ! Le chrétien réalise alors que la foi n'est pas le don de la stupidité, et que celle-ci supporte d'être évaluée. Il découvre qu'il n'a pas besoin de laisser de côté son expertise scientifique ou son souci de la justesse historique.

Oui, la foi chrétienne tient la route ! L'évangéliste apologète forme et mobilise les chrétiens des Églises à rendre compte de l'espérance qui est en eux, afin que leur témoignage s'accroisse dans leur sphère d'influence. Lorsque son collègue de bureau s'écrie *Moi aussi je voudrais croire, mais...*[9], il saisit l'occasion de lui parler, ou à défaut lui offre le livre qui y répond.

• **Le moins de l'évangéliste apologète :** l'orgueil ! L'évangéliste apologète est intelligent. La maîtrise des concepts philosophiques et son engouement pour la rhétorique peuvent parfois le persuader que l'Évangile aurait besoin d'un bon coup de pouce pour parler de manière plus intelligible aux élites. Le voilà tombé dans le piège. L'Évangile est puissance pour le salut de quiconque croit. L'Évangile n'a pas besoin d'aide. Il est assez puissant sans que l'apologète vienne y ajouter son expertise.

Pour un portrait plus complet de l'évangéliste apologète, rendez-vous avec Aurélien Lang au chapitre 18.

7. L'évangéliste gagneur d'âme

Mettez-le devant une foule, et le voilà paniqué. Mettez-le seul à seul avec un non-chrétien à une table de bistrot ou sous l'ombre d'un manguier, et le voilà transformé ! L'évangéliste gagneur d'âme part à la pêche, une personne à la fois. Sa force : la persistance. Toute résistance est futile. De lui rayonne un amour profond, une foi contagieuse. L'évangéliste gagneur d'âme excelle dans l'art de la conversation apologétique. La bonne question, au bon moment : « Dieu, tu connais ou tu cherches encore ? Veux-tu aussi le rencontrer ? » Comment résister à son charisme de rouleau compresseur ? Le tout avec le sourire ! Irrésistible.

---

[9] Raphaël Anzenberger, *Moi aussi je voudrais croire, mais....* Marpent : BLF, 2008, 96 p.

J'ai le privilège de travailler avec une gagneuse d'âme dans mon équipe d'implantation d'Églises. Sitôt arrivée dans la ville, elle avait déjà amené quatre personnes à Christ et baptisé deux d'entre elles, en moins d'un an. Frustrant pour un implanteur ! Mais tellement rafraîchissant.

• **Le plus de l'évangéliste gagneur d'âme :** une foi communicative ! L'évangéliste gagneur d'âme incarne la réalité d'une foi en action. En le voyant vivre, le non-chrétien comprend tout de suite que la foi n'est pas une posture philosophique, mais une vie transformée de fond en comble. Quelques questions par ci et par là, une étude biblique sur mesure, une invitation à faire le pas, et hop… une nouvelle naissance. Quelle joie !

• **Le moins de l'évangéliste gagneur d'âme :** le meilleur moyen de paralyser un évangéliste gagneur d'âme, c'est de lui donner plein de choses à faire dans l'Église, y compris l'animation de la commission d'évangélisation. Double faute : d'un côté, vous avez retiré du terrain votre meilleur agent, de l'autre, vous lui confiez une charge qui n'est pas dans son champ de compétence. Au final : une commission en panne, et un évangéliste frustré !

POUR UN PORTRAIT PLUS COMPLET DE L'ÉVANGÉLISTE GAGNEUR D'ÂME, RENDEZ-VOUS AVEC REBECCA TAYLOR AU CHAPITRE 19.

Pour conclure

Edward Bounds, théologien et fervent homme de prière, aimait à dire : « L'Église est toujours à la recherche de meilleures méthodes. Dieu est toujours à la recherche de meilleurs hommes[10] ». C'est tellement vrai !

Pour que l'évangélisation devienne une réalité, Dieu suscite des évangélistes. Pour que l'évangélisation soit variée et adaptée à tous les publics, Dieu suscite différentes expressions du ministère d'évangélistes. Dieu est multicolore !

---

[10] Edward BOUNDS, *The Complete works of E. M. Bounds on prayer*. Grand Rapids : Baker Books, 2000, p. 447 (trad. libre).

Pour aller plus loin

*Interview d'***Emmanuel Maennlein**,
évangéliste, conférencier et auteur

Quelles nouvelles formes d'évangélisation voyez-vous apparaître aujourd'hui ?

Depuis une dizaine d'années, un accent fort est mis, me semble-t-il, sur l'évangélisation par l'internet. Des hommes comme Éric Célérier et bien d'autres sont des évangélistes. Écoutez-les quelques minutes et vous comprendrez ! Ces évangélistes forment une expression actuelle de ce beau ministère. Ce sont les Billy Graham, Luis Palau du net du XXIe siècle. Avant d'autres, ils ont discerné le formidable potentiel de ce vecteur de communication. Grâce à leurs sites internet comme ConnaîtreDieu.com, des dizaines de milliers de personnes chaque année à travers la francophonie et le monde, découvrent et acceptent Jésus comme Sauveur. J'ai moi-même rencontré au cours de mes tournées, des personnes qui avaient fait leur premier pas de foi au travers de l'un de ces sites.

Je pense que la grande forme d'évangélisation appelée à se développer ces prochaines années tournera en particulier autour de l'audiovisuel. C'est un média incontournable. Avec un potentiel quasiment illimité.

À côté de cette tendance majeure, je note aussi un développement au niveau des spectacles de rues. Comme à Jeunesse pour Christ (JPC), par exemple, avec leurs camps d'été sur les plages, ou à Mulhouse avec le concept « Bouge ta ville ». Celui-ci se développe progressivement dans d'autres villes de France. Les spectacles de rues permettent d'être en contact direct avec la population. Avec ses questions, ses aspirations, ses besoins. L'Évangile est incarné. Grâce à cette forme, de nouveaux évangélistes émergent.

Que faut-il penser de ceux qui se revendiquent évangéliste internet ? Une expression de plus à l'arc-en-ciel ?

En effet, c'est une expression de plus, et une belle. Dites-moi qui, aujourd'hui, n'utilise pas l'internet ? À part quelques irréductibles Gaulois… repliés dans leur village… Tout le monde s'y est mis, y compris les seniors et les seniors ++ ! Par conséquent, nous avons besoin d'évangélistes internet. Il y a beaucoup à faire si nous voulons toucher avec l'Évangile les différentes couches sociales. Il y a de la place pour des profils d'évangélistes variés qui sauront trouver, grâce à l'Esprit, des portes d'entrées, des idées pour impacter nos contemporains avec le message de la croix.

Comment encourageriez-vous quelqu'un à trouver sa propre voie dans l'expression de son ministère ?

Je lui dirais quatre choses :

Soyez à l'écoute. Que dit votre cœur ? Qu'est-ce qui brûle en vous, vous passionne, vous enthousiasme, vous motive au-delà de tout ? Quelle est votre raison de vivre ? Pourquoi voulez-vous vous engager, servir dans cette forme d'expression du ministère d'évangéliste ?

Considérez ensuite ce que l'Esprit vous dit. En tant qu'évangéliste, c'est de lui dont vous devez dépendre. Lorsque vous priez et recherchez la pensée de Dieu pour votre vie, votre ministère, que vous dit-il ? Quels sont les talents et les dons spirituels dont il vous a gratifié ?

Prenez conseil auprès d'autres. Regardez comment ils font. Rencontrez-les, posez-leur vos questions. Apprenez et tenez compte des remarques et conseils que l'on vous donnera. Laissez-vous inspirer par leurs expériences, leurs combats, leur foi, etc.

Et enfin, pratiquez, pratiquez et pratiquez ! Le conseil que je donne à tout évangéliste, c'est de saisir toutes les occasions. Si vous êtes un proclamateur par exemple, eh bien profitez de toutes les opportunités qu'on vous offre pour présenter l'Évangile. N'attendez pas d'avoir un millier de personnes ou un stade plein devant vous. Vous risqueriez de ne jamais prêcher ! Peu importe le nombre, l'endroit, les circonstances, la météo, votre préparation, votre état intérieur : allez-y ! Foncez ! Prêchez avec votre cœur, vos tripes, avec passion, même si vous avez devant vous cinq ou dix personnes et qu'une seule ne connaît pas le Christ. Soyez fidèle dans votre ministère. Dieu vous accordera de voir de grandes choses.

Pour vous, quel point est commun à toutes les expressions du ministère d'évangéliste ?

J'en vois essentiellement deux.

1. *L'évangéliste a une passion pour les perdus.* C'est *le* grand point commun à toute forme d'expression de ce ministère. L'évangéliste Moody disait : « Mon objectif dans cette vie est d'aller au ciel en y emmenant autant de personnes que possible ». Simpliste diront certains. Peut-être, mais efficace si l'on considère son ministère ! Toutes les pensées, l'énergie, les projets, les prières de l'évangéliste sont consacrés à ceux qui ne connaissent pas l'Évangile. Tout tourne autour de sa passion. Il se doit de veiller à entretenir le feu sacré. De cette flamme dépend, en partie, l'impact du ministère que le Seigneur lui a confié.

2. *L'évangéliste se concentre sur l'annonce de l'Évangile.* À l'exemple de l'évangéliste Philippe qui « prêcha le Christ » (Actes 8:5). Ulrich Parzany souligne que « le ministère de l'évangéliste est caractérisé par sa limitation volontaire à la simple prédication de l'essentiel de l'Évangile aux non-croyants ». C'est une des spécificités de son ministère. Dieu ne l'a pas appelé et équipé, en tout cas lorsqu'il évangélise, à disserter, philosopher ou enseigner, mais à prêcher dans la puissance de l'Esprit le glorieux Évangile de Jésus-Christ. L'onction que Dieu lui a donnée se manifeste alors. Les cœurs sont touchés et les vies transformées.

La boîte à outils de l'évangéliste

Pour chacune des expressions évoquées ci-dessus, voici quelques organismes spécialisés dans ces ministères :

Expression	Organisation	Site internet
Proclamateur	France Évangélisation	<http://www.france-evangelisation.com>
	African Enterprise	<http://www.africanenterprise.org>
	Aujourd'hui l'Espoir	<http://www.espoir.ca>
Artiste	Chantre	<http://www.pierrelachat.com> <http://www.den-isa.com>
	Majestart	<http://www.majestart.com>
	Chyc Polhit	<http://www.polhyt.com>
	Compagnie des Actes	<http://www.lacompagnie desactes.fr>
Implanteur	Portail implantation du Cnef	<http://www.1pour10000.fr>
	Camp implanteur au Québec	<http://www.implantationquebec.org>
Propagateur	ELAM	<http://www.elamdanslarue.fr>
	Une Bible par foyer	<http://www.unebibleparfoyer.fr>
	Plage Station	<http://www.plagestation.com>
	Christ de maison en maison	<http://www.cmmromandie.ch>
	Les Gédéons	<http://www.gideons.ca>
	La ligue du Testament de poche	<http://www.ltp-france.fr>
	Audio Vie	<http://audiovie.org>
	Juifs pour Jésus	<http://www.juifspourjesus.org>

Animateur	Action Quartiers	<http://www.actionquartiers.com>
	Quartier libre	<http://www.quartier-libre.org>
	Flambeaux et Claires flammes	<http://www.flambeaux.org>
Apologète	Blogs et sites internet	<http://www.questionsuivante.fr> <http://www.raisonsdecroire.org> <http://www.epistheo.com> <http://www.atoi2voir.com> <http://www.jesus-islam.fr> <http://www.scienceetfoi.com> <http://pour-que-tu-croies.blogspot.fr>
Gagneur d'âme	Portail internet	<http://www.levangelisation.com>

CHAPITRE 2

Moi, évangéliste ? Au secours !

Les qualifications au ministère

Je m'en souviens comme si c'était hier. Il faisait beau, nous étions au mois de mai. Yves Perrier était l'orateur invité de ce dimanche matin. Avant de lui donner la parole, l'animateur du culte se tourna vers lui et demanda :

— Yves, de quoi France Évangélisation a-t-elle besoin aujourd'hui ?

Après quelques instants de silence, Yves répondit :

— Tu m'aurais posé la question il y a dix ans, j'aurais dit : de l'argent pour les campagnes d'évangélisation ! Aujourd'hui, je me retourne, et je ne vois personne derrière moi pour prendre la relève. France Évangélisation a besoin d'une nouvelle génération d'évangélistes !

Et là, assis sur ma chaise, j'avais senti la main de Dieu tapoter sur mon épaule pour me dire : « C'est pour toi. Enregistre ! » C'était en 1994.

Dix années se sont écoulées entre mon appel et sa réalisation dans le ministère. Après un détour par l'Afrique puis les États-Unis, il me tardait de rencontrer les acteurs du monde évangélique français et leur présenter mon fardeau pour la France.

Je me souviens d'un entretien avec un responsable évangélique. Naïvement, je lui partageais à cœur ouvert ma vision de ministère. Après quelques minutes, alors que je prêchais visiblement dans le désert, il me regarda et me lança droit en pleine figure : « Tu me dis que tu es évangéliste. Je ne te connais pas !

Comment savoir si c'est vrai ? Tu peux me montrer le fruit de ton ministère ? » Bienvenue au pays ! C'était en 2004.

Dieu appelle encore des évangélistes aujourd'hui !

Je suis reconnaissant pour les prières de nos aînés. Je crois que Dieu répond au-delà même de ce qu'ils demandaient. La relève est là, bien présente. Nous la voyons lors des Forums des évangélistes (FDE) de l'espace francophone, sur les plages de France durant les campagnes Plage Station, dans notre Réseau des évangélistes émergents (R2E). La Génération Y (génération née entre 1979 et 1995) est au rendez-vous. Et elle est brillante ! Des gars et des filles qui brûlent pour le Seigneur. Saurons-nous les accompagner ?

Cette jeunesse qui se lève n'est pas seulement française, elle est européenne, mondiale ! En 2006, nous étions six cents jeunes leaders passionnés de l'évangélisation et réunis en Malaisie pour un Congrès jeunesse du Mouvement de Lausanne pour l'évangélisation du monde[11]. Quelle énergie ! Après l'Europe et l'Amérique du Nord, les pays émergents tracent la voie de l'évangélisme mondial. Le centre de gravité du christianisme se trouve maintenant solidement ancré en Afrique. Si vous pouviez prendre une photo du ciel, vous seriez peut-être surpris de constater que le chrétien lambda est tout sauf blanc, et parle tout sauf l'anglais !

Le troisième Congrès de Lausanne pour l'évangélisation du monde s'est tenu au Cap (Afrique du Sud) en novembre 2010[12]. Il s'agissait de reconnaître, s'il le fallait encore, la vitalité missionnaire de ce continent dont la moitié de la population a moins de vingt-cinq ans. Saisissant !

---

[11] Le Mouvement de Lausanne possède son site internet. URL : <http://www.lausanne.org> (page consultée le 2 octobre 2012).

[12] MOUVEMENT DE LAUSANNE, *L'Engagement du Cap : une confession de foi et un appel à l'action*. Marpent : BLF Europe, 2011.

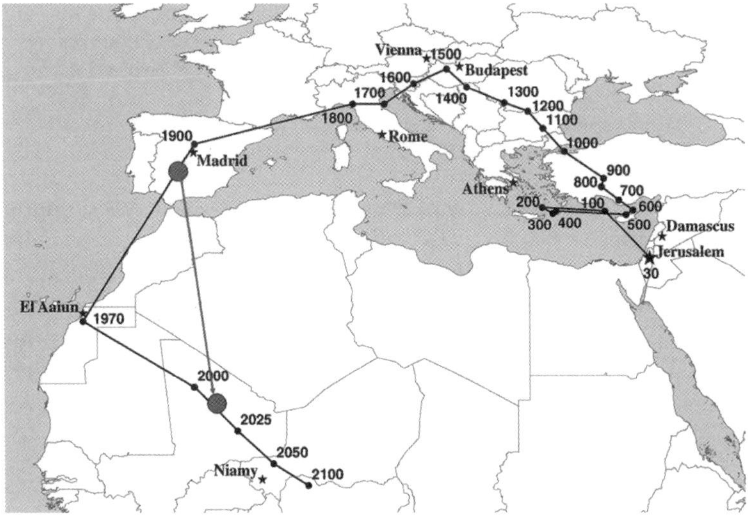

Centre de gravité du christianisme mondial[13]

Pour bien accompagner ce renouvellement générationnel, et s'inscrire pleinement dans le nouvel ordre de l'évangélisation mondiale, il est fondamental de clarifier ce que nous attendons d'un évangéliste. C'est l'objet de ce livre. Pour cela, il faut d'abord répondre à la question suivante : qui qualifie ? C'est la raison d'être de ce chapitre. Car si *tous sont évangélistes*, comme certains le soutiennent, alors personne ne l'est véritablement. Mais si quelques-uns sont donnés comme évangélistes, alors sachons les reconnaître !

Les trois qualifications du ministère d'évangéliste

Avant d'aller plus loin, quelques précisions de vocabulaire biblique. Paul rappelle :

> Mais à chacun de nous la grâce a été donnée selon la mesure du don de Christ. C'est pourquoi il est dit : Étant monté dans les

[13] Todd JOHNSON, « World Christian Trends », *Lausanne World Pulse* [en ligne]. Discours donné lors de la conférence de la rencontre bi-annuelle du Lausanne international leadership, Budapest (Hongrie), 18-22 juin 2007. Édité en août 2007. URL : <http://www.lausanneworldpulse.com/766/08-2007?pg=all> (page consultée le 2 octobre 2012).

> hauteurs, il a emmené des captifs, et il a fait des dons [*domata*] aux hommes. [...] Et il a donné les uns comme apôtres, les autres comme prophètes, les autres comme évangélistes, les autres comme pasteurs et docteurs, pour le perfectionnement des saints en vue de l'œuvre du ministère et de l'édification du corps de Christ. – Éphésiens 4:7-12

Jésus fait des dons aux hommes: ceux-ci sont des *domata*, des hommes et des femmes[14] qu'il a choisis dans sa souveraineté pour contribuer à l'édification de son Église. Jacques Buchhold observe « qu'en donnant des apôtres, des prophètes, des évangélistes et des pasteurs-docteurs à son Église, Jésus lui fait des dons de *personnes*, ce qui distingue ces dons des autres "cadeaux" (*charismata*) que le Christ fait à son peuple (voir la liste de 1 Cor. 12:28-30) et en souligne donc l'importance[15] ».

Il faut donc opérer une première distinction. Les ministères ou fonctions (*domata*) en Éphésiens 4:11 et 1 Corinthiens 12:28 sont à distinguer des dons de l'Esprit (*charismata*) que nous trouvons ailleurs dans les Écritures.

La seconde distinction s'opérera plus tard dans ce livre, entre la *fonction* et la *charge* (cf. chap. 6). Ce qu'il faut retenir à présent, c'est que ces personnes (*domata*) ont reçu un appel particulier au service. Elles ont été mises à part par Christ pour son Église.

Comment savoir si je suis une de ces *domata* ? Faut-il recevoir un appel particulier ?

Un survol de la littérature à ce sujet fait apparaître trois qualifications au ministère d'évangéliste: l'existence de l'appel, la confirmation de l'Église, et des compétences propres au type de ministère d'évangéliste envisagé (apologète, proclamateur, artiste, etc.).

1. La démonstration de la réalité de l'appel

Ai-je été appelé à devenir évangéliste ? Oui ! Je m'en souviens. Certains appels sont clairs, d'autres plus imprécis. Mais il

---

[14] Notamment les ministères remarquables de Jeanne Saillens, Mady Vaillant, Anne Graham Lotz, Joni Eareckson Tada ou encore Lacey Nicole Sturm du groupe Flyleaf.

[15] Jacques Buchhold, « Évangéliste ». In *Dictionnaire de théologie pratique*, op. cit., p. 384.

y a ce sentiment que Dieu a sa main sur vous pour un service bien particulier. Ulrich Parzany parle d'être « animé par l'amour de Dieu pour les perdus, et un désir brûlant d'annoncer l'Évangile aux pécheurs[16] ». « Malheur à moi si je n'annonce pas l'Évangile ! » (1 Corinthiens 9 :16).

Dieu peut appeler de différentes manières : durant un temps de prière, par une invitation lancée, par la lecture d'une biographie missionnaire, par une parole prophétique. Lorsque nous entendons son appel, nous sommes saisis de crainte et d'excitation. De crainte, car l'avenir que nous avions planifié avec tant de minutie est balayé d'un revers de main. D'excitation, car nous savons que les choses ne seront plus jamais les mêmes.

L'appel n'est pas forcément suivi d'un changement radical de vie ni d'une mise en pratique immédiate du ministère. Paul a été appelé sur le chemin de Damas en 33. Ce n'est que douze ans plus tard, en 45, que son ministère commença à Antioche de Syrie, sous la direction de Barnabas ! Pour ma part, dix ans se sont écoulés entre l'appel et mon engagement dans le ministère. Ce n'est pas normatif. Mais cela rassure le jeune appelé. Les choses vont changer, bientôt ! Patience !

« Tu me dis que tu es évangéliste. Je ne te connais pas. Comment savoir si c'est vrai. Tu peux me montrer le fruit de ton ministère ? » Même si la façon de dire est à revoir, il y a du vrai.

Stephen Olford, grand évangéliste proclamateur, insiste sur le fait que l'évangéliste doit pouvoir montrer, en toute humilité, mais avec confiance, le fruit de son appel, à savoir des conversions[17].

Cela veut-il dire que si nous n'avons jamais amené quelqu'un à Christ, nous ne sommes pas évangéliste ? Oui et non. Oui si, sur toute une vie, il n'y a aucune évidence de fruit. Non si Dieu vous a appelé hier soir. C'est pour cela que dans le programme R2E (Réseau des évangélistes émergents), nous avons un mélange de

---

16 Ulrich PARZANY, The gift and calling of the evangelist. In CONARD W. (éd.), *The mission of an evangelist : Amsterdam 2000*, p. 23-30. Minneapolis : World Wide Publications, 2001, p. 25.

17 Stephen OLFORD, The evangelist's gift and ministry. In DOUGLAS, J. (éd.), *The work of an evangelist*, p. 143-150. Minneapolis : World Wide Publications, 1983, p. 143.

jeunes évangélistes. Certains ont déjà amené vingt personnes à Christ du haut de leurs 18 ans, d'autres aucune. Si l'appel est clair, le reste viendra, en son temps.

2. La confirmation de l'Église

Lorsque Jésus appelle, c'est toujours dans le contexte de l'Église locale. Paul et Barnabas ont été appelés et confirmés par l'Église d'Antioche qui les a envoyés en mission (Actes 13:3). Autrement dit, l'évangéliste ne s'envoie pas tout seul. C'est son Église qui l'envoie.

Je frémis toujours lorsque je reçois des demandes de candidature au ministère d'évangéliste et que les personnes me racontent en long, en large et en travers qu'ils n'ont pas besoin d'être attachés à une Église. Parce que Jésus est au-dessus de ces impératifs-là. Ah bon? Celui qui bâtit son Église susciterait des vocations en dehors de celle-ci? Étrange! Que les évangélistes agacent leur pasteur parce que c'est-quand-même-pas-possible-d'être-dans-une-Église-qui-ne-fait-rien-pour-l'évangélisation-alors-que-Jésus-est-mort-pour-les-perdus est une chose (cf. chap. 6). Se placer au-dessus de l'autorité de l'Église locale en est une autre. Si l'évangéliste n'a pas une vision saine de l'Église locale, vers qui conduira-t-il les fruits de son ministère? Je vous laisse imaginer.

Paul rappelle à Timothée: « Ne néglige pas le don qui est en toi, et qui t'a été donné par la prophétie, avec l'imposition *des mains de l'assemblée des anciens* » (1 Tim. 4:14). Plus tard: « C'est pourquoi je t'exhorte à ranimer la flamme du don de Dieu que tu as reçu par l'imposition de mes mains » (2 Tim. 1:6). Quelles mains t'ont envoyé? Les tiennes? Quelle grâce, quand survient l'épreuve, de se rappeler que nous avons été envoyés, que tout cela n'est pas une erreur de casting, que l'appel a été discerné, confirmé, validé par l'assemblée des anciens! Ces mains continuent de nous soutenir, de nous bénir: « Tiens bon, nous sommes avec toi, à tes côtés! » Trop souvent, l'évangéliste vit seul, isolé. L'évangéliste autoproclamé apparaît de plus en plus comme un chien errant, sans collier, à la recherche d'une légitimité qu'il n'a jamais désirée ni obtenue. Il faut que cela cesse. Car ce n'est pas comme cela que les Écritures comprennent la concrétisation de l'appel.

Comment saurions-nous prêcher la Parole, sans nous y soumettre dans les aspects pratiques du ministère ?

Quelles sont les mains qui t'ont envoyé, mon ami ? Quelle joie de savoir qu'au moment où j'écris ces lignes, mon Église prie pour moi, tous les matins et tous les soirs. Ce livre, c'est aussi leur livre. Mon ministère, c'est leur ministère ! Un ministère, ça se partage.

3. Des compétences propres au type de ministère d'évangéliste envisagé

Si un évangéliste souhaite faire partie de France Évangélisation comme proclamateur, nous veillons à ce que certaines compétences propres à la prédication soient inscrites en puissance dans son ministère, même si en pratique, cela doit encore s'affermir dans le temps.

Si un évangéliste artiste souhaite promouvoir le message de l'Évangile, sans aucune compétence artistique, je vous laisse imaginer le résultat. Bref, pour chaque expression du ministère, il faut démontrer certaines compétences.

La liste ci-dessous n'est pas exhaustive, mais elle donne quelques pistes utiles à celles et ceux qui souhaitent se préparer au ministère :

Expression	**Champ de compétences**
Proclamateur	Prêcher à partir d'un texte des Écritures au sein de l'Église Communiquer l'Évangile à partir d'un texte et pour un public particulier Connaître son auditoire Pouvoir répondre aux objections contre lui ou son message Gérer un appel Discerner les fausses confessions des vraies Mener des entretiens avec discernement Préparer une Église à des événements d'évangélisation S'adapter à différents supports médias Discerner le temps présent

Artiste	En plus des compétences du proclamateur : Maîtriser son art Promouvoir son art
Implanteur	En plus des compétences du proclamateur : Accompagner des personnes dans leur parcours de foi Exercer un leadership d'équipe Maîtriser les phases du cycle d'implantation d'Église
Propagateur	Développer le contact de rue à l'aide d'un outil (tract, sondage, etc.) Entamer rapidement des conversations sur des sujets spirituels Persévérer lorsque les occasions se font rares, et les retours peu concluants
Animateur	Être formé professionnellement pour le public visé Développer une grande écoute Promouvoir une vision biblique de sa profession Défendre sa vision du ministère Mobiliser les Églises pour soutenir les actions ciblées
Apologète	En plus des compétences du proclamateur : Maîtriser les concepts philosophiques Connaître les différents courants de pensée Connaître les différentes écoles d'apologétique Développer une exégèse culturelle Maîtriser l'expression écrite de la langue française Maîtriser les techniques de débat
Gagneur d'âme	Gérer son temps pour dégager de longues plages horaires pour faciliter les conversations Passer d'une accroche à la foi à une étude biblique inductive Discerner le développement spirituel de la personne Saisir l'occasion pour inviter la personne à recevoir Christ dans sa vie

À chaque expression de ministère correspond un processus d'apprentissage particulier. La maîtrise des compétences propres à l'expression peut prendre du temps. C'est pour cela qu'il faut savoir être patient et s'entourer de mentors desquels il soit possible d'apprendre (cf. chap. 7).

Pour conclure

La démonstration de l'appel reçu, la confirmation par l'Église, et des compétences propres au type de ministère d'évangéliste envisagé : voilà trois qualifications à prendre en compte pour discerner le ministère d'évangéliste chez une personne.

Attention Églises ! La vague est grosse ! De nombreux jeunes évangélistes piétinent à vos portes. La faute aux aînés qui ont prié ! Ils veulent engager la conversation sur ce sujet. Sachez comment leur répondre ! Pour creuser la question et vous armer, je vous conseille la lecture du livre de Martin Sanders et Alain Stamp : *Multiplier les leaders : Le mentorat, l'art de l'accompagnement* [18], un incontournable pour s'assurer de ne pas rester sur le rivage.

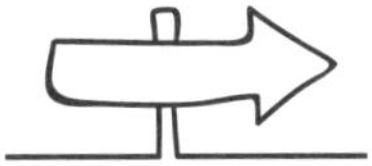

Pour aller plus loin

Interview de **Lindsay Brown**, *directeur du Mouvement de Lausanne, évangéliste IFES (GBU) et initiateur du programme FEUER (évangélistes parmi les universitaires en Europe)*

Que répondriez-vous à un étudiant qui vous dirait : « Lindsay, Dieu m'appelle à être évangéliste » ?

Je dirais tout, le bon et le mauvais. Je dirais : Merveilleux ! Nous avons besoin de plus d'évangélistes dans l'Église… il y en a trop peu. Cependant, il serait bon que tu essaies tes dons en suivant les pistes que voici :

[18] Martin SANDERS, Alain STAMP, *Multiplier les leaders : Le mentorat, l'art de l'accompagnement*. Marpent : Éditions BLF, 2012.

- Saisis chaque opportunité pour servir, en cherchant dans chaque situation matière à évangéliser. Essaie tes dons au travers des opportunités : lors de réunions en plein air, petits groupes, groupes de jeunes, réunions d'Églises ou sur des campus universitaires ;
- Observe si Dieu bénit ton ministère en amenant des personnes au salut par la foi en Jésus-Christ. La marque d'un évangéliste n'est pas simplement de parler de façon claire, mais la bénédiction de Dieu qui permet que des personnes passent de la mort à la vie par son ministère ;
- Demande leur avis à des membres respectés de ton Église, de ta famille ou à des amis chrétiens. Demande-leur d'évaluer le contenu et le style de ton message et de te donner un retour honnête sur ce qu'ils pensent des dons que Dieu t'a donnés ;
- Prends du temps pour développer, aiguiser et améliorer ton don en lisant des prédications d'évangélisation de grands évangélistes du présent ou du passé.

Peu importe ce à quoi Dieu t'appelle. Tends à devenir un étudiant pendant ta vie entière. Enfin, rappelle-toi qu'il existe différents types d'évangélistes. Certains sont des évangélistes doués pour le un-à-un, d'autres sont appelés à proclamer l'Évangile publiquement. Les deux dons sont différents. Tu auras besoin de discerner ce à quoi Dieu t'appelle.

Que dire si mon Église ne reconnaît pas mon ministère d'évangéliste ? Si une œuvre comme le GBU le reconnaît, est-ce suffisant ?

Il me semble que selon le modèle biblique, les dons sont reconnus, chéris, développés et affirmés dans le contexte d'une Église locale.

Vérifie que tu es dans une Église dont les responsables se soumettent à l'autorité de la Bible et reconnaissent la seigneurie et l'unicité de Jésus-Christ.

Si ce n'est pas le cas, il y a de fortes chances qu'il n'y ait pas de vraie prise de conscience de l'urgence de l'évangélisation.

Sinon, rends-toi redevable aux responsables, cultive l'attitude de quelqu'un qui veut apprendre et servir dans les petites choses. Dieu ouvre généralement de plus grandes opportunités lorsque l'on adopte une attitude d'humilité comme celle-ci.

Il est bon d'avoir une affirmation de tes dons par ceux qui sont dans ton GBU. Mais de mon point de vue, il est plus important à long terme de recevoir l'affirmation, l'encouragement et la bénédiction d'une Église locale.

Si, au départ, tes dons ne sont pas reconnus, cherche à servir de manière humble et fais confiance en Dieu. Il travaillera à travers les responsables de l'Église qui identifieront et affirmeront tes dons.

Puis-je dire que je suis un évangéliste même si je n'ai pas eu le privilège d'amener une personne à Christ ?

Dans le Nouveau Testament, l'apôtre Paul dit que certaines personnes sèment, d'autres enseignent et d'autres récoltent.

Une des premières caractéristiques d'un évangéliste est sa capacité à aider des personnes à faire le pas de la foi et passer de la mort à la vie. Pour moi, une des marques du don d'évangéliste est donc de voir des personnes placer leur confiance en Christ à la suite de leur message.

En même temps, certains d'entre nous travaillent dans des cultures endurcies, et nous devons être patients pour voir Dieu à l'œuvre face au matérialisme, l'hédonisme et au sécularisme.

Tu devras peut-être faire preuve de patience et faire confiance à Dieu en attendant de voir le fruit de ton travail.

Quels sont selon vous les types d'évangélistes les plus importants dans le contexte universitaire ?

Nous avons besoin de tous les types d'évangélistes : artistes, apologètes, proclamateurs, etc. L'Église manque de personnes qui ont la passion pour communiquer l'Évangile à travers ce que l'apôtre appelle « l'évangélisation persuasive » (cf. Actes 17). La capacité de communiquer la vérité, la puissance et les merveilles de l'Évangile est un des plus grands besoins en Europe, spécifiquement dans le monde francophone. Donc en particulier d'évangélistes proclamateurs en public.

Je ne crois pas que le Nouveau Testament sépare l'apologétique de l'évangélisation. Le type d'évangélisation publique la plus commune dans les Actes des apôtres est l'évangélisation persuasive ou raisonnée. Cette approche s'efforce de démontrer à la fois la vérité de ce qu'affirme l'Évangile et tout son attrait.

Dans les Actes des apôtres, avec l'Église d'Antioche, dans les premiers versets d'Actes 8, nous voyons deux différents styles d'évangélisation. Ceux qui ont le don de proclamation publique de l'Évangile et beaucoup d'autres qui sont appelés à « bavarder » l'Évangile. Nous avons besoin de ces deux modes dans le monde étudiant, et dans le monde en général. Soutenus par des personnes qui prient de manière spécifique, et de vies consacrées à Dieu.

Il y a plusieurs besoins primordiaux, même si, bien sûr, il est important de communiquer l'Évangile par tous les moyens possibles. Ce qui inclut les moyens visuels et artistiques. De mon point de vue, le théâtre, la musique et d'autres formes d'arts sont importantes mais nécessitent d'être au service de la Parole proclamée.

Nous devons travailler sérieusement et réfléchir sur la manière de communiquer fidèlement un message essentiellement basé sur une parole (Christ est la Parole de Dieu, notre message est contenu dans les paroles de l'Écriture, nous parlons en tant qu'humains), alors que nous vivons dans une culture saturée d'images visuelles. Les évangéliques n'ont pas encore de réflexion théologique sérieuse sur ce sujet.

CHAPITRE 3
Halte aux criminels !
La vie personnelle de l'évangéliste

Ein evangelist ohne Charakter ist ein Krimineller !
[Un évangéliste sans caractère est un criminel[19] !]

Cette exclamation résonne encore dans mes oreilles. La vingtaine de jeunes évangélistes qui nous accompagnait dans ce voyage au travers de l'Allemagne à la rencontre des géants de l'évangélisation (Luther, Ulrich, Werner et tant d'autres) hochait de la tête. *Ein Krimineller*. Ni plus ni moins. Suis-je *ein Krimineller* ?

La sainteté, condition *sine qua non* de l'évangéliste

Dans sa première épître, Pierre rappelle avec force :

> Sanctifiez [*hagiasate*] dans vos cœurs Christ le Seigneur, étant toujours prêts à vous défendre [*apologian*], avec douceur et respect, devant quiconque vous demande raison de l'espérance qui est en vous, et ayant une bonne conscience, afin que, là même où ils vous calomnient comme si vous étiez des malfaiteurs, ceux qui décrient votre bonne conduite en Christ soient couverts de confusion. Car il vaut mieux souffrir, si telle est la volonté de Dieu, en faisant le bien qu'en faisant le mal. – 1 Pierre 3 :15-17

La proclamation de l'Évangile ne peut être dissociée d'une vie sanctifiée. Nous devons sanctifier (*hagiasate*) dans nos cœurs Christ le Seigneur tout en rendant compte de l'espérance qui est en nous. Cela est vrai pour tous chrétiens, et particulièrement

---

[19] Propos d'Ulrich PARZANY lors d'une rencontre « Jesus House » à Stuttgart en 2011.

pour l'évangéliste qui doit refléter dans son caractère le message qu'il proclame.

Billy Graham en a fait son cheval de bataille. Il en témoigne dans son autobiographie :

> De temps en temps, Cliff, Bev, Grady et moi-même débattions des problèmes chroniques que semblaient avoir certains évangélistes, et de la mauvaise image que l'évangélisation de masse avait aux yeux du public. Elmer Gantry, le personnage de fiction de Sinclair Lewis, avait indiscutablement terni l'image de marque des évangélistes itinérants. À notre grande tristesse, nous savions que certains évangélistes ne valaient guère mieux, que la caricature méprisante de Lewis[20].

Pour préserver le message, Billy Graham mit en place une série de résolutions afin de maintenir les standards bibliques d'intégrité absolue et de pureté que doivent démontrer les évangélistes. Lorsqu'on sait qu'Ulrich Parzany a été lancé dans le ministère en Allemagne par Billy Graham, on comprend mieux l'influence de ce dernier dans sa conception de l'intégrité !

L'intégrité personnelle, la Bible en parle. Beaucoup ! Allez, un peu de vocabulaire biblique pour se mettre en jambes !

Kittel rappelle que le verbe grec *hagiazô* est propre au Nouveau Testament, et qu'il signifie : consacrer, sanctifier[21]. Nous sommes appelés à sanctifier Christ dans nos cœurs, étant irréprochables dans toute notre conduite parce que Christ nous a consacrés et nous sanctifie par sa présence en nous : « Vous serez saints, car je suis saint » (1 Pierre 1 :16). C'est sans appel. Mais concrètement, on fait comment ?

Deux autres mots utilisés dans le Nouveau Testament éclairent plus précisément ce que Dieu attend de nous : *proskyneô*, et *latreuô*.

• *Proskyneô* contient l'idée de tomber aux pieds de Jésus, parce qu'il est Roi. Comme ces mages venus d'Orient pour *se prosterner* devant l'enfant (Matt. 2 :11), ou les disciples qui se *prosternèrent* devant le maître après que celui-ci a calmé la tempête.

---

[20] Billy GRAHAM, *Tel que je suis*. Varennes : EPH, 1997, p. 146.

[21] Gerhard KITTEL, *Theological dictionary of the New Testament*. Grand Rapids : Eerdmans, 1995.

Lorsqu'on tombe aux pieds de Jésus, plus rien n'a d'importance. Notre vie est déposée là, à ses pieds. Tous nos projets, nos plans d'avenir, nos ambitions, nos rêves les plus fous, tout s'efface devant sa royauté.

Jean souligne que Dieu est Esprit, et qu'il faut « que ceux qui l'adorent [*proskyneô*] l'adorent en esprit et en vérité » (Jean 4 : 24). Je ne peux pas adorer Jésus si je garde pour moi un coin de ma vie, si je préserve une once de ma volonté juste-au-cas-où-les-choses-n'iraient-pas-comme-prévu. Non : devant Jésus, toute ma vie lui est soumise, entièrement soumise.

• *Latreuô* transmet l'idée générale d'une bonne conduite qui se traduit en actes. Le salut nous est acquis afin que nous le *servions* « sans crainte, en marchant devant lui dans la sainteté et dans la justice, tous les jours de notre vie » (Luc 1 : 74-75).

C'est la veuve âgée de quatre-vingt-quatre ans qui ne quittait pas le temple et qui « *servait* Dieu nuit et jour dans le jeûne et dans la prière » (Luc 2 : 37).

C'est Paul l'évangéliste qui *sert* Dieu « dans l'Évangile de son Fils » (Rom. 1 : 9). Lorsqu'on adore Dieu, on le sert.

Mon grand-père était de tradition mennonite. C'était un bosseur. Dans la cuisine, au-dessus de la hotte trônait sa devise : PRIE ET TRAVAILLE. Le service au maître qui nous a créés deux fois. La première lorsqu'il nous a créés en Adam, la seconde lorsqu'il nous a recréés en Jésus-Christ, le nouvel Adam. Le verbe *latreuô* induit l'idée de s'inscrire pleinement dans l'œuvre de service que Dieu a préparé d'avance pour nous (Éph. 2 : 10). Et invite à refuser de séparer le dimanche matin du lundi matin, le sacré du séculier. C'est comprendre que notre travail quotidien est aussi notre appel comme le soulignait si justement Calvin.

Une vie totalement soumise à la volonté de Dieu (*proskyneô*) et totalement dédiée à son service (*latreuô*), voilà comment se traduit concrètement une vie consacrée, où Christ est sanctifié (*hagiazô*) dans nos cœurs. Voilà la condition *sine qua non* d'une évangélisation biblique. Jésus l'enseigne. Paul nous le démontre. Pierre nous le rappelle. Nous serions bien peu sages de négliger cette injonction. Halte aux criminels !

Dix traits de caractère à développer

La clé pour chasser les criminels, c'est plus de prévention.

Pour que nos « rues évangéliques » soient à nouveau des lieux sûrs, il faut prévenir les évangélistes, les former, les encourager, les reprendre s'il le faut. La littérature qui traite de la vie personnelle de l'évangéliste fait apparaître dix traits de caractère qui devraient être présents dans la vie de tous ceux qui souhaitent exercer ce beau ministère.

1. Vivre une vie sanctifiée

Nous avons abordé cet aspect-là plus haut. En annexe, vous trouverez un questionnaire intitulé : « Se poser les questions qui dérangent ». Rien de bien compliqué. Pour chaque trait de caractère que Jésus souligne dans le sermon sur la montagne, trois questions pour s'assurer d'être dans les clous. Attention duplicité ! Au fur et à mesure de l'exercice, l'Esprit saint saura nous avertir de tel ou tel péché. Ne soyons pas hypocrites ! Si l'Esprit nous interpelle, alors, confessons nos péchés ! Confesser, c'est dire à haute voix ce que Dieu a déjà vu dans le secret. Au cas où nous l'aurions oublié.

L'évangéliste prie comme David : « Tu veux que la vérité soit au fond du cœur : Fais donc pénétrer la sagesse au-dedans de moi ! » (Ps. 51:8). L'évangéliste prend garde à l'injonction de Paul : « Conduisez-vous avec sagesse envers ceux du dehors » (Col. 4:5) !

Soyons des évangélistes sages ayant la vérité au fond de leur cœur. La sagesse, c'est mettre en pratique le peu que je connais. C'est résister à la tentation de rationaliser mon péché : « Oui je sais, j'ai un problème, mais bon, je compense à côté ! » Quel malheur. Non seulement l'évangéliste est appelé à une vie personnelle sanctifiée, mais Paul rappelle que cela doit aussi se voir ! Autrement dit, mes collègues de travail, mes parents, mon épouse, mes enfants devraient pouvoir évaluer le degré de sanctification de ma vie ! Ça fait peur ? C'est fait pour. Halte aux criminels !

Seigneur, apprends-moi à vivre une vie sanctifiée !

2. Dépendre de la puissance de l'Esprit

L'évangéliste doit non seulement être rempli de l'Esprit et, marcher par l'Esprit, mais il doit aussi dépendre pleinement de la puissance de l'Esprit.

Attention danger ! Après quelques heures de vol dans le ministère, il est facile de développer des mécanismes tels qu'on en oublie de dépendre de l'Esprit. C'est ce qu'on appelle vivre le ministère *dans la chair*. Et ça peut marcher ! Un certain temps. Il est possible d'obtenir des fruits, même des conversions, en opérant uniquement dans la chair. L'évangélisation devient une technique. On reprend les mêmes messages à chaque fois. On les peaufine jusqu'à la perfection. On sait comment manipuler l'auditoire, ce qui le touche, le fait pleurer. On maîtrise la technique de l'appel. On se dit que le travail a été bien fait. Que le Seigneur est content de nous, etc. Et pourtant, au-dedans, nous sommes tristes. Une fracture s'est produite dans notre cœur, entre ce que nous paraissons, et ce que nous devenons en notre fort intérieur. Réfléchissons ! Depuis combien de temps vivons-nous fractionnés ? Depuis que nous avons pris la gloire qui lui était due. Depuis que les clichés photos de ministère nous montrent seuls, en plein centre de la photo. Seul. C'est bien le mot. « N'attristez pas le Saint-Esprit de Dieu, par lequel vous avez été scellés pour le jour de la rédemption » (Éph. 4 : 30). Halte aux criminels !

Seigneur, apprends-moi à dépendre pleinement de ton Esprit !

3. Développer sa vie de prière

Edward Bounds a plus écrit sur ce sujet que quiconque. Sans doute parce qu'il le vivait. Dans son œuvre magistrale qui comporte huit volumes, il couvre tour à tour la nécessité de la prière, les éléments essentiels de la prière, les conditions, réalités et résultats de la prière, l'arme de la prière, la puissance de la prière et enfin les hommes de prière. Un monument pour un sujet… monumental ! Il écrit :

> Je vois beaucoup de hochements de tête, mais pas forcément de sérieux ni de réalisme dans nos prières. La prière est un vrai travail. La prière est un travail vital[22].

---

[22] Edward BOUNDS, The Complete works of E. M. Bounds on prayer. Grand Rapids :

Nous le savons, nous le confessons, nous devrions prier plus. Mais combien plus ? Quand Paul dit aux Colossiens (4 :2) : « Persévérez dans la prière, veillez-y avec actions de grâces », à quoi cela ressemble-t-il ?

Si la prière est un vrai travail, un travail vital, alors peut-être qu'il faut commencer par apprendre à prier. Pas bête. Même les disciples ont commencé par là : « Seigneur, enseigne-nous à prier, comme Jean l'a enseigné à ses disciples » (Luc 11 :1). John Ortberg note avec justesse : « Il y a une différence fondamentale entre se former à quelque chose, et s'essayer à quelque chose. [...] La transformation spirituelle à laquelle nous aspirons n'est pas une question d'essayer encore plus, mais de se former mieux[23] ». Du coup, pour qu'il y ait du sérieux et du réalisme dans nos prières, il nous faut nous former à mieux prier. Eh oui, la prière, ça s'apprend.

L'évangéliste, plus que tout autre serviteur de Dieu, doit savoir non seulement prier, mais enseigner aux autres à prier. Comme Jean l'a fait avec ses disciples, comme Jésus l'a fait avec les siens.

Je fais partie d'une communauté de prière et d'intercession. Cela s'appelle une Église. Tous les jours, nous nous retrouvons tôt le matin pour une heure de prière rythmée par la louange, le silence, la lecture de la Parole, la méditation, la prière pour l'Église persécutée, et l'intercession. Tous les soirs de la semaine, nous nous retrouvons pour partager où et comment Dieu a répondu à nos prières. Nous le remercions pour sa fidélité et sa bonté. Cela donne au final sept heures de prière communautaire hebdomadaire. Nous avons appris à persévérer dans la prière. C'était difficile au début, mais cela est devenu naturel, acquis, entendu. Oui, la prière est un travail sérieux. « La prière doit être une habitude, mais encore plus... La prière, c'est tout le secret d'une âme qui est moulée à l'image de Dieu[24] ». C'est alors que nos prières deviennent réalistes, car elles s'inspirent de la pensée de Dieu.

Ô Seigneur, apprends-moi à prier !

Baker Books, 2000, livre IV (trad. libre).

[23] John ORTBERG, *The life you've always wanted*. Grand Rapids : Zondervan, 1997, p. 17 (trad. libre).

[24] Edward BOUNDS, op. cit., livre I (trad. libre).

4. Reconnaître la gloire de Dieu à tout moment

L'évangéliste Leighton Ford a publié un livre sur l'art de cultiver une vie attentive[25]. Lorsque je lui ai demandé pourquoi il voulait traiter de ce sujet, il a répondu : « Car je ne sais pas être attentif. Je suis un évangéliste qui fonce, j'ai dû apprendre à être attentif à la présence de Dieu dans mon quotidien ».

Reconnaître la gloire de Dieu à tout moment. Tout un programme !

Lorsque nous nous retrouvons en Église chaque soir pour partager comment Dieu a répondu à nos prières, nous répondons tous à la question suivante : « Où était Dieu aujourd'hui ? » C'est impressionnant ce que l'on peut être oublieux. Je reste conscient de la présence de Dieu jusque midi. Après le déjeuner, j'ai déjà oublié les sujets de prière du matin. Je deviens inattentif. Inattentif à la présence de Dieu, au point de ne même plus voir sa gloire éclater dans les petites choses. C'est un drame. Comment puis-je proclamer la gloire de Dieu au monde, si je ne la reconnais plus dans mon quotidien ? C'est absurde.

Seigneur, donne-moi d'être attentif à ta gloire, à tout moment !

5. Marcher par la foi

Il s'appelle Larry. La première fois que je l'ai rencontré, j'ai cru que c'était un employé de maison. Il s'empressait de mettre nos valises sur le toit de la voiture de la mission : « Bienvenue au Tchad ! Nous sommes heureux de vous accueillir ici ». Quelques mois plus tard, je retrouvai Larry dans le sud du pays où nous habitions. Il m'a posé plein de questions sur nous : pourquoi nous avions voulu effectuer notre service national en coopération ici, quels étaient nos projets dans l'avenir. Larry voulait tout savoir sur tout ! Puis je lui retournai la pareille : « Et toi Larry, qui es-tu ? »

Il m'expliqua qu'il vivait au Tchad depuis de nombreuses années. Il avait pensé commettre un suicide intellectuel lorsqu'après plusieurs années de recherche en théologie, on lui avait proposé

---

[25] Leighton Ford, *The Attentive life : Discerning God's presence in all things.* Downers Grove (USA) : IVP, 2008.

d'ouvrir une école biblique pour des étudiants qui ne savent pas trop écrire. Il avait parcouru le pays plusieurs fois, donnant des séminaires à des pasteurs étudiants assoiffés de connaissances bibliques. Il avait appris à les aimer comme un père aime ses fils. Il connaissait le patois par cœur et appelait les anciens « papa ».

Il connaissait bien l'hôpital où nous travaillions. Il y avait enterré son fils, mort d'une hémorragie post-opératoire à la suite d'une appendicectomie. Je me souvenais d'être passé devant sa tombe.

« La vie n'a pas toujours été facile » me dit-il. Surtout lorsque des musulmans intégristes soudanais ont fait irruption en force dans sa maison, prit son cuisinier en otage en menaçant de lui tirer une balle dans la tête. Devant sa femme et ses enfants agenouillés par terre.

Malgré tout, il aimait ce pays, il aimait ses habitants ; son fardeau pour les perdus et son attachement à la formation des pasteurs étaient tels que rien de tout cela n'avait réussi à l'éloigner du champ missionnaire.

Larry est un homme qui marche par la foi. Et je le sentais jusque dans mes os lorsqu'il suppliait Dieu de hâter son retour, afin qu'il puisse le voir face à face, dans toute sa gloire. Moi, jeune marié, je priais tout bas : « Seigneur, pas maintenant, donne-moi encore quelques mois au moins pour savourer mon mariage ! »

Paul dit : « Nous marchons par la foi et non par la vue ; nous sommes pleins de confiance, et nous aimons mieux quitter ce corps et demeurer auprès du Seigneur » (2 Cor. 5 : 7-8). Vivre dans le présent, avec une perspective éternelle.

Paul conclut : « Car il nous faut tous comparaître devant le tribunal de Christ, afin que chacun reçoive selon le bien ou le mal qu'il aura fait, étant dans son corps. Connaissant donc la crainte du Seigneur, nous cherchons à convaincre les hommes ; Dieu nous connaît, et j'espère que dans vos consciences vous nous connaissez aussi » (2 Cor. 5 : 10-11).

Seigneur, fais de moi un Larry. Apprends-moi à marcher par la foi !

6. Cultiver sa fraîcheur spirituelle

Nous connaissons tous ces pubs pour déodorants. Ces hommes et ces femmes qui sautent de leur douche pour s'enivrer de la bombe Pchit-qui-sent-bon. Et hop ! les voilà qui dansent dans les rues, sourient au monde. Ils sont frais ! Jusqu'au soir ! « Jusqu'à 48 heures de fraîcheur » vantent-ils.

Existe-t-il des bombes de fraîcheur spirituelle que l'on pourrait acheter au magasin d'à côté ? J'en prendrais bien une demi-douzaine...

Cultiver sa fraîcheur spirituelle. Tout le contraire d'une spiritualité fanée, flétrie. L'évangéliste doit faire attention à sa santé spirituelle. Et cela passe aussi par une attention particulière à sa santé physique et émotionnelle.

Lorsque nous sommes fatigués physiquement, nos émotions vacillent, nous ne nous sentons plus très spirituels. À l'inverse, lorsque nous sommes bien reposés, nos émotions fleurissent, et nous avons plein de peps spirituel !

Je m'interroge toujours lorsque j'entends des évangélistes se vanter de leur planning de ministère hyper rempli. Prendre un jour de repos dans la semaine ? Pas le temps mon ami, je suis « au taquet ». Ils foncent, enchaînent réunion après réunion, recyclent leurs messages, développent des symptômes de fatigue (reflux gastriques, sommeil perturbé, palpitations cardiaques) et s'écroulent. Adieu le planning.

> On travaillera six jours ; mais le septième jour est le sabbat, le jour du repos, consacré à l'Éternel. Celui qui fera quelque ouvrage le jour du sabbat, sera puni de mort. Les enfants d'Israël observeront le sabbat, en le célébrant, eux et leurs descendants, comme une alliance perpétuelle. Ce sera entre moi et les enfants d'Israël un signe qui devra durer à perpétuité ; car en six jours l'Éternel a fait les cieux et la terre, et le septième jour il a cessé son œuvre et il s'est reposé. – Exode 31 : 15-17

Cultiver sa fraîcheur spirituelle, cela commence par apprendre à se reposer. C'est un des dix commandements. Si Dieu le demande, c'est que c'est important. Le sabbat traverse le fil de l'Histoire. Il est institué en Genèse par Dieu avant la chute (il fait partie à ce titre des structures créationnelles), et il nous rappelle que le monde attend sa rédemption selon Héb. 4 : 9-11 (il fait partie à ce titre des symboles eschatologiques). Le sabbat nous rappelle donc d'où nous venons, et où nous allons.

Pendant le sabbat, Dieu restaure tout ce que nous avons donné les six premiers jours. Le septième jour, nous apprenons à cesser tout travail, pour le laisser, lui, travailler en nous. Nous restaurer physiquement, émotionnellement, spirituellement. Ne pas prendre de repos hebdomadaire, c'est dire à Dieu : « Je n'ai pas besoin que tu me restaures, je peux encore donner un peu ».

La fraîcheur se cultive aussi en dehors de notre temps de sabbat, au travers de nos lectures, nos hobbies, nos pratiques des disciplines spirituelles, nos rencontres, nos voyages. Tout cela nourrit l'âme, et nourrit l'évangéliste.

Seigneur, apprends-moi à cultiver ma fraîcheur spirituelle !

7. Veiller à sa vie de famille

Les évangélistes ne sont pas de bons exemples sur ce point. Certes, il y a la réalité du combat spirituel. Certes, il y a de nombreux déplacements si notre ministère est itinérant. Certes, nos enfants sont libres de leur choix. Mais quand même, avouons-le. Il reste encore beaucoup de progrès à faire dans le domaine de la vie de famille.

À chaque fois que je rencontre Édouard, il me pose la même question : « Quand as-tu vu ta femme et tes enfants pour la dernière fois ? » Ça ne rate jamais. Édouard fait en sorte que je veille sur ma famille. Récemment, je recevais à la maison la visite de Martin Sanders, mentor d'évangélistes. Il me confessa plus tard la raison de son séjour : « Je voulais voir comment allait ta famille. Je suis rassuré ». Coquin !

L'évangéliste comprend que le premier public auprès duquel il doit rendre témoignage, c'est sa famille. C'est tellement évident et pourtant si compliqué :

— Nul n'est prophète dans son pays, ai-je une fois entendu dire.

— Dieu suscitera quelqu'un pour s'occuper de mes enfants, tant que je m'occupe des siens.

Balivernes. Le criminel est souvent un dur à cuire.

Quelques règles simples à mettre en place :

1. Veillez à ce qu'au moins quatre soirées sur sept soient dédiées exclusivement à la famille dans les premières années de ministère. Si vous recevez quelqu'un à la maison, ça ne compte pas !
2. Si vous êtes en déplacement pendant quelques jours (quatre ou plus), prenez la journée qui précède pour préparer votre séjour. Ne retournez au travail que le surlendemain après-midi de votre retour.
3. *Happy wife, happy life*. Si vous voyez votre épouse triste, stoppez tout et faites le point !
4. Les enfants grandissent vite ! Si vous êtes beaucoup en route, décidez de créer volontairement des souvenirs, en organisant des vacances sympas, en célébrant les anniversaires importants (dix ans, dix-huit ans) avec votre enfant et avec votre épouse.
5. Pour éviter que votre famille développe une allergie au ministère, profitez d'allier vacances et ministère dès que vous le pouvez (exemple : amener sa famille au ski dans un séjour où vous êtes orateur).

La liste pourrait s'allonger. Mais vous comprenez l'intention.

Seigneur, aide-moi à veiller sur ma famille !

8. Témoigner régulièrement de sa foi personnelle

Cela peut paraître bizarre d'inclure cet élément dans la liste. Mais vous seriez surpris de la rapidité avec laquelle un évangéliste peut devenir « professionnel » à en oublier de témoigner personnellement de sa foi auprès de ceux que Dieu met immédiatement autour de lui.

Combien de fois ai-je entendu des organisateurs de campagne déplorer l'attitude de l'évangéliste proclamateur une fois descendu de l'estrade ou manquer de respect envers les volontaires qui, bien souvent, se sont donné beaucoup de peine pour organiser la soirée.

L'évangéliste peut aussi tomber dans le travers d'enseigner sans pratiquer. Exemple :

— Bonjour. Alors pour être efficace dans votre témoignage personnel, suivez mes 5 conseils. 1, 2, 3, 4, et 5. Tout le monde a compris ?

— Monsieur, et vous, comment vous le mettez en pratique ?

— Euh...

Pour ma part, j'ai choisi de garder un pied dans l'implantation d'Églises. Pourquoi ? Pour être au cœur de l'évangélisation. L'implantation d'Églises, c'est l'occasion d'appliquer tout ce que vous enseignez, et vérifiez que ça marche. Formidable ! Le meilleur des deux mondes. Mais implanteur ou pas, l'évangéliste doit veiller à témoigner de sa foi personnellement et régulièrement. Sinon, nous disqualifions notre ministère en apprenant aux personnes à vivre ce que nous ne pratiquons pas.

Seigneur, je veux témoigner de ma foi personnellement et régulièrement !

9. Entretenir la compassion pour les pauvres

Lorsque Paul l'évangéliste se rendit à Jérusalem pour rencontrer les apôtres afin de recevoir d'eux la mission d'aller vers les païens, ils lui recommandèrent de se souvenir des pauvres : « Ce que j'ai eu bien eu soin de faire » (Gal. 2 :10) conclut-il.

Paul avait déjà démontré sa compassion pour les plus démunis touchés par la famine lors de sa précédente visite à Jérusalem (Actes 11 :27-30). Lors du Concile, il fut encouragé à persévérer dans sa compassion. C'est pour cela que Paul mit tant d'empressement dans la collecte qu'il entreprit par la suite auprès des Églises d'Asie Mineure et d'Europe, en faveur des pauvres de Judée, éprouvées par des famines successives, et terrassées par les oppresseurs romains (Actes 24 :17 ; Rom. 15 :26 ; 1 Cor. 16 :3-4 ; 2 Cor. 8 et 9).

Un de mes collègues, Saotra, vit dans un foyer pour jeunes travailleurs. Non pas qu'il n'ait pas les moyens de s'offrir un meilleur logement (à France Évangélisation, nous prenons soin de nos évangélistes !), mais par choix de vie. Une façon pour lui de se souvenir de ceux qui ont moins que lui. Je suis fasciné et tellement encouragé par son attitude de générosité. Quel témoignage de vie puissant !

Rappelons ici l'un des engagements du Cap :

> Par-dessus tout, nous devons remplacer l'avantage personnel et la cupidité par l'enseignement biblique sur le sacrifice de soi et les dons généreux qui sont les marques de la vie d'un véritable disciple du Christ. Nous réaffirmons l'appel historique de Lausanne à vivre des styles de vie plus simples. – L'Engagement du Cap, II.E.A

Seigneur, donne-moi ta compassion pour les pauvres !

10. Rester attaché à la grande mission

L'évangéliste est préoccupé par le salut de ceux qui l'entourent. Dans son quartier, sa ville, sa région, son pays. L'évangéliste peut souffrir d'un effet de myopie, à savoir confondre son champ de mission avec celui du monde.

En Matthieu 28 :19, Jésus dit : « Faites de toutes les nations des disciples ». Le champ missionnaire s'étend à toutes les ethnies du monde, aussi bien celles qui vivent dans nos pays, que celles qui vivent hors de nos frontières[26].

Un tiers de l'humanité ne connaît pas Jésus comme Sauveur, parce que personne autour d'elle ne peut le lui en parler.

Est-ce que la France a besoin de l'Évangile ? Oui. Mais la France, ce n'est pas « toutes les nations ». Dans le milieu francophone, beaucoup reste à faire pour l'évangélisation. Prenez l'Afrique du Nord, par exemple, ou les Comores. La situation est dramatique. Les évangélistes francophones se doivent d'aller vers ceux qui ne sont pas encore atteints par l'Évangile. Jésus nous le demande ! Faites de toutes ces nations des disciples !

Mon collègue Jason, d'Opération Monde, aime à rappeler que la vitalité d'un pays se trouve dans sa propension à bénir les nations au travers de son action missionnaire. Voici la liste des pays qui envoient le plus d'évangélistes vers les nations non évangélisées, au prorata du nombre de chrétiens dans leur pays.

---

[26] Pour plus d'information sur l'évangélisation des peuples non atteints, consulter le site du projet Joshua (en anglais). URL : <http://www.JoshuaProject.net> (page consultée le 24 octobre 2012).

1. Mongolie	1 : 222
2. Liban	1 : 295
3. Singapour	1 : 400
4. Niger	1 : 451
5. Népal	1 : 458
6. Sri Lanka	1 : 479
7. Espagne	1 : 512
8. Iles Féroé	1 : 533
9. Mali	1 : 608
10. Thaïlande	1 : 633

Je vous laisse apprécier.

Si nous voulons que Dieu bénisse la francophonie, il nous faudra suivre l'exemple du Niger et du Mali.

La vision des nations requiert aussi que nous retravaillions notre théologie du succès, et surtout que nous nous approprions une théologie de la souffrance. Comme le rappelait Neil Cole lors du Forum des évangélistes de Lyon en 2010 :

> Pour que le grain tombe en terre et donne du fruit, il faut qu'il meure. Nous avons une théologie du succès. Avons-nous une théologie de la mort ?

Nous devons apprendre de nos collègues évangélistes qui, au prix de leur vie, restent attachés à la grande mission de Jésus.

Seigneur, pardonne-moi, je veux rester attaché à ta grande mission !

Pour conclure

La liste est longue ! Dix traits de caractère à développer dans la vie personnelle de l'évangéliste. Et quelle liste !

Lorsque nous avons interrogé les jeunes évangélistes du programme R2E sur la présence ou non de ces traits de caractère dans leur vie, nous avons observé trois résultats intéressants :

- La formation d'évangéliste permet de développer de manière significative l'acquisition de ces traits de caractère (cf. chap. 7) ;
- Une fois sortis du programme, les évangélistes ont acquis ces traits de caractère, et continuent à les développer ;
- Les évangélistes qui voient le plus de fruit dans leur ministère sont ceux qui excellent dans tous les traits de caractère, et particulièrement deux : la marche par la foi, et la vie de prière. Ne sont-ce pas là les deux choses que les disciples ont demandées à leur maître ?

Conclusion ? C'est possible, c'est même nécessaire. « Un évangéliste sans caractère est un criminel ! »

Pour aller plus loin

*Interview d'***Alain Stamp***, évangéliste, auteur, et mentor d'évangélistes à France Évangélisation*

Comment faites-vous pour rester frais dans votre vie spirituelle, après tant d'années de service en tant qu'évangéliste ?

Il me semble que la capacité d'émerveillement est essentielle, vitale, dans la vie chrétienne et donc dans celle du serviteur de Dieu. Demeurer confondu par Dieu, son amour, sa grâce, sa Parole, son œuvre.

Parfois certains me demandent :

— Comment fais-tu pour avoir la « pêche » ?

Souvent je réponds (et ce n'est pas une boutade) :

— Ce n'est pas bien difficile ! Regardez ce que fait Dieu, son œuvre... partout dans le monde... et en particulier dans la vie de cette nouvelle génération de leaders qui émerge que j'ai le privilège d'accompagner ! C'est largement suffisant pour donner de l'enthousiasme.

Une autre chose est tout aussi essentielle. Pouvoir se repentir... vite ! L'âge ne fait pas de nous de meilleurs chrétiens. Mais quel rafraîchissement de pouvoir plaider coupable dès que – et aussi souvent que – nécessaire ! D'être immédiatement rétabli dans sa communion avec Christ ! De ne pas demeurer coupé de lui et des autres ! Inutile de se stresser en se défendant, en se justifiant, en essayant de réparer ce qu'on a renversé. Il suffit de reconnaître ses torts, de plaider coupable, de reconnaître la réalité, de changer d'attitude pour être instantanément pardonné et purifié par Dieu et réconcilié avec les autres. Que d'énergie gaspillée à « faire comme si... », alors même que la petite voix de l'Esprit invite ce *moi* rétif à reconnaître son besoin de la grâce de Dieu. Dans la relation de couple, dans l'exercice des responsabilités, reconnaître ses torts est une libération rafraîchissante ! C'est vivre à la source.

Bien sûr, comme tout un chacun, je dois aussi veiller à ma discipline pour la lecture de la Parole, la prière et mon temps d'étude si je veux rester frais ! Dans ce domaine non plus, rien n'est jamais acquis.

L'évangéliste travaille souvent seul sur le terrain. Doit-il être redevable de sa vie personnelle ? Si oui, à qui et comment ?

J'ai eu le privilège d'être introduit dans le ministère par un frère qui a été, et reste aujourd'hui encore, mon mentor. À l'exemple de Paul et Timothée. Je ne conçois pas qu'on puisse tenir sur le long terme dans le ministère sur la base de ses propres forces. Sans l'accompagnement d'un mentor. Tout évangéliste, serviteur de Dieu, a besoin d'encouragement, d'exhortation et d'être repris, parfois. De pouvoir partager ses craintes, ses rêves, ses déceptions, d'être aidé dans la gestion du succès comme des échecs... de pouvoir ouvrir son cœur, exprimer ses doutes... tout en étant certain de n'être ni jugé ni évalué ! De s'entendre poser les bonnes questions. Comment ne pas perdre le cap, conserver en toutes circonstances la bonne attitude, ne pas se lancer dans des projets farfelus, sans le conseil d'un frère mûr, à l'écoute, qui brûle d'intérêt pour vous et votre ministère ?

Alors, oui, chaque évangéliste devrait avoir un mentor à qui il accorde de droit de regard sur sa vie personnelle, vis-à-vis duquel il est redevable, et qui puisse l'accompagner. Le comment peut varier d'une relation mentorale à l'autre. Mais toujours dans le même but: offrir une relation d'amitié qui assure l'accompagnement et le soutien spirituels (cf. chap. 11).

La peur fait-elle partie du ministère?

La peur fait partie de la vie. Dans le ministère, il y a celle de ne pas être à la hauteur, de se tromper, de faire les mauvais choix, d'être critiqué, de ne pas être assez préparé et tant d'autres choses... Pour ceux qui sont à plein temps, il y a celle de ne pas y arriver financièrement. Je me souviens, jeune évangéliste-implanteur, juste après la naissance de ma fille, avoir été saisi de panique en pensant: *Aurai-je les moyens d'assurer son avenir?* J'ai vraiment dû me jeter dans les bras de Dieu pour éteindre cette panique. Dieu n'a jamais fait défaut depuis.

Certaines peurs peuvent provenir de difficultés émotionnelles. L'aide d'un mentor peut se révéler utile dans ce cas pour regagner la confiance vis-à-vis de soi-même.

Certaines peurs sont aussi de très bonnes occasions de rester totalement dépendant de Dieu. Elles sont alors une bonne chose. Je me souviens, alors que j'étais chanteur évangéliste, accompagné par de super musiciens, qu'un jeune m'a dit, admiratif et enthousiaste:

— J'aimerais bien être comme vous et monter sur scène.

Je lui ai répondu:

— Je ne monte jamais sur scène sans trembler, sans mettre tout ce que je suis, mes pensées, ce que l'on dira et pensera de moi (la folie de l'Évangile) entre les mains de Dieu, sur son autel. Et chaque fois, je meurs à moi-même!

Que répondez-vous à un évangéliste qui passe par la souffrance et pense que Dieu lui retire son ministère?

Une très vaste et difficile question. Mais ce postulat est essentiel au cœur de l'épreuve. Ton appel vient de Dieu. Ton ministère, c'est lui qui te l'a confié. Tes dons résultent de sa générosité.

Il n'y a donc que lui qui puisse te les retirer. Nul autre : ni les circonstances ni les épreuves ou souffrances quelles qu'elles soient. Ni les conditions favorables ou défavorables. Alors que ma première épouse était malade, hospitalisée sans espoir de retour à la maison, dans un moment de désespoir, j'ai dit à mon mentor :

— Le combat est trop rude, les tensions qui résultent de l'épreuve insupportables : j'abandonne le ministère.

Mon mentor m'a simplement répondu :

— Si tu peux !

Et je n'ai pas pu. Dieu ne l'a pas permis. Pas parce que j'étais meilleur qu'un autre. Mais parce que Dieu veillait sur moi, sur son appel et sur mon ministère. Et il maîtrisait les circonstances. Donc, ne permettez pas aux situations difficiles de vous dérober ce que Dieu vous a confié.

Attention, cependant. Une chose peut vous disqualifier, dans le ministère comme dans la vie chrétienne : le péché. Et c'est justement dans l'épreuve et la souffrance, alors que nous sommes faibles et sous pression, que nous sommes tentés par le péché. Alors, dans la souffrance ou l'épreuve, soyez particulièrement vigilants. Appliquez pour vous-mêmes ce conseil de Paul à Timothée : « Fortifie-toi dans la grâce qui est en Jésus-Christ » (2 Tim. 2 :1).

La boîte à outils de l'évangéliste

- Le Plan de développement personnel (PDP) (cf. Annexe 1) ;
- Se poser les questions qui dérangent (cf. Annexe 2).

CHAPITRE 4

Parler de Dieu, c'est pas un métier !

Les tâches du ministère d'évangéliste

— Papa, c'est quoi ton métier dans la vie ?

— Je suis évangéliste.

— Non, je veux dire, pour de vrai ?

— Ben pour de vrai, je suis un évangéliste.

— Mais c'est pas un métier de parler de Dieu !

Certaines conversations vous restent en travers de la gorge.

L'évangéliste, entre petit papoteur et assistant pastoral

Que fait un évangéliste concrètement ? Voilà une bonne question ! Pour certains, comme pour mon fils, il parle de Dieu, du matin au soir. Nous sommes tous appelés à parler de Dieu, à rendre témoignage de notre espérance (1 Pi. 3:15). Notre parole doit être aspergée de vinaigrette divine : « accompagnée de grâce, assaisonnée de sel » (Col. 4:6). Les évangélistes auraient-ils la tâche de montrer l'exemple ? Oui ! Mais pas seulement, il y a plus !

Pour d'autres, un évangéliste est un pasteur en puissance, ou un « presque pasteur mais pas vraiment » parce qu'il lui manque quelque chose : une formation théologique adéquate, un don de leadership ou je ne sais quoi. Bref, l'évangéliste, c'est le lot de consolation pour ceux qui aspirent à jouer à la loterie pastorale.

On lui confie des tâches de subalterne, en espérant bien qu'il s'en contentera. « Y a-t-il plus ? » demande-t-il.

Dans certains milieux, on ira même jusqu'à décliner le ministère d'évangéliste, à partir de celui du pasteur : « Vous êtes un pasteur évangéliste ». Du coup, vous faites tout ce que fait un pasteur *plus* tout ce que fait un évangéliste. Tout le monde est content, c'est le meilleur des deux mondes et au moins, les gens dans la rue ne vous regardent pas avec des yeux ébahis lorsqu'on vous demande :

— Vous faites quoi dans la vie ?

— Je suis un évangéliste.

— Un quoi ?

— Un pasteur.

— Ah bon, intéressant.

Nous sommes bien loin des responsabilités que les Écritures confient à l'évangéliste. Il est plus qu'urgent de revisiter notre conception des ministères. Pas seulement à la lumière de nos traditions ecclésiologiques, mais aussi et surtout, selon l'autorité scripturaire.

Les six tâches de l'évangéliste

L'évangéliste remplit des tâches à la fois en dehors et à l'intérieur de l'Église. Il œuvre dans ces deux sphères tour à tour. À l'extérieur, il évangélise ceux du dehors ; à l'intérieur, il équipe ceux du dedans. Philippe l'évangéliste (Actes 21 : 8) servira de modèle pour illustrer ce propos.

A. Les tâches de l'évangéliste en dehors de l'Église

1. L'évangéliste traverse les barrières religieuses, sociales et culturelles

Lorsque Philippe arrive en Samarie, après la grande persécution contre l'Église de Jérusalem menée par Saul de Tarse (Actes 8 : 1), il se retrouve très vite confronté à une première barrière.

Comment atteindre le Samaritain, lui qui adhère à une autre religion que la sienne ? C'est la barrière religieuse.

La barrière religieuse

Évoluer dans un contexte religieux différent du sien est un défi pour tous. Même pour l'évangéliste. Toutes les religions contiennent des points de convergence avec le message du salut, et des points de divergence. L'important pour l'évangéliste est de trouver les éléments de convergence comme porte d'entrée dans la conversation pour présenter le message, tout en soulignant ceux qui divergent. L'apôtre Paul, responsable de l'envoi de Philippe en Samarie, donne un très bon exemple de cette démarche apologétique dans son discours d'Athènes (Actes 17). Il cherche le point de convergence : « Hommes Athéniens, je vous trouve à tous égards extrêmement religieux » (Actes 17 : 22) ; il présente le message de l'Évangile (Dieu est créateur, l'homme le cherche en tâtonnant, Dieu souhaite le sauver, l'homme doit se repentir), et souligne les points de divergence (le jugement divin et la résurrection des morts).

Attention ! L'évangéliste peut être tenté d'errer ou bien du côté du syncrétisme (minimiser les divergences : « Dans le fond, nous croyons tous au même Dieu ») ou bien du côté de l'arrogance (minimiser les convergences : « Je n'ai rien à apprendre d'eux »).

L'Engagement du Cap précise :

> Nous affirmons qu'il existe une juste place pour le dialogue avec les personnes d'autres religions, tout comme Paul a engagé le débat avec les Juifs et les non-Juifs dans la synagogue et dans l'arène publique. Dans le cadre légitime de notre mission chrétienne, un tel dialogue associe la confiance dans le caractère unique du Christ et dans la vérité de l'Évangile à une écoute respectueuse des autres. – L'Engagement du Cap, II.C.1.e

La barrière sociale

Après son passage en Samarie, Philippe se rend sur la route de Jérusalem à Gaza, sous l'injonction d'un ange du Seigneur :

> Et voici, un Éthiopien, un eunuque, ministre de Candace, reine d'Éthiopie, et surintendant de tous ses trésors, venu à Jérusalem pour adorer, s'en retournait, assis sur son char, et lisait le

> prophète Ésaïe. L'Esprit dit à Philippe : Avance, et approche-toi de ce char. Philippe accourut. – Actes 8 :27-30

J'aime beaucoup ce passage. Il souligne la pleine dépendance de Philippe aux directives de l'Esprit saint (cf. chap. 3). Courir derrière un char, ce n'est quand même pas le job d'un évangéliste ! Et pourtant. Cela doit sûrement contribuer à sa fraîcheur physique et spirituelle !

Philippe se trouve maintenant confronté à une nouvelle barrière : sociale. Non seulement son interlocuteur est d'une autre culture (éthiopienne), d'un autre rang (surintendant ou ministre des finances), mais surtout d'un autre univers (eunuque !) La loi juive excluait les eunuques de l'assemblée d'Israël (Deut. 23 :1), ce qui veut dire que l'eunuque ne pouvait prétendre au statut de prosélyte (Ésaïe 56 :3-5) quand bien même il adorait Dieu. Pas étonnant que l'eunuque s'identifie pleinement à la souffrance du Serviteur d'Ésaïe 53 ! Élu et rejeté !

Philippe prêche Jésus, celui qui s'est identifié plus que n'importe quel autre prophète à ceux qui étaient en marge de la société. Jésus l'évangéliste a traversé toutes les barrières sociales. Philippe le suit pas à pas :

— Comprends-tu ce que tu lis ?

— Comment le pourrais-je, si quelqu'un ne me guide ?

Et il invite Philippe « à monter et à s'asseoir avec lui » (lire Actes 8 :30-31).

Dans une Église de Grenoble, de jeunes évangélistes se lèvent deux heures plutôt tous les dimanches pour partager l'amour de Dieu aux SDF. Ils franchissent la barrière, et s'assoient avec eux pour les guider vers le chemin de celui qui est la vérité et la vie. Lorsqu'ils arrivent au culte, ils s'excusent de sentir la rue et hésitent à vous serrer la main. Et pourtant, c'est eux qui portent le parfum du Christ mort et ressuscité pour le monde !

La barrière culturelle

Après avoir baptisé l'eunuque, l'Esprit du Seigneur enlève Philippe qui se trouve dans Azot « d'où il alla jusqu'à Césarée, en évangélisant toutes les villes par lesquelles il passait » (Actes 8 :40).

Philippe était très probablement de culture helléniste. Son nom signifie en grec « amoureux des chevaux, guerrier ». Ses premières années de service (Actes 6), il les a passées dans l'Église de Jérusalem dans laquelle culture helléniste et juive se côtoyaient poliment, parfois même s'affrontaient. Philippe a été choisi par les douze à cause de sa bonne réputation et de sa sagesse (Actes 6:3). Philippe savait naviguer sur les eaux tumultueuses de l'interculturalité.

Le voilà maintenant à Césarée pour y implanter une Église. Fondée par Hérode le Grand en l'honneur de César Auguste, Césarée fut la capitale romaine de la province de Judée pendant au moins 600 ans. La ville était aussi le QG des légions romaines stationnées dans la province. Les habitants étaient romains, syriens, grecs ou juifs. Ce qui laisse présager de fortes tensions entre ces différentes communautés. Terrain accidenté idéal pour un évangéliste 4x4 !

Philippe est un évangéliste transculturel qui proclame un message transculturel. Il est fascinant de constater que le christianisme s'est répandu mondialement, dans toutes les cultures, tout en préservant l'expression culturelle propre à chacune d'elles. Le troisième Congrès mondial sur l'évangélisation au Cap, avec 4 500 représentants de l'Église évangélique mondiale, constituait une vraie diversité culturelle ! Je me souviens de ces femmes évangélistes indiennes, drapées dans des saris riches en couleur, qui mènent de front un ministère puissant parmi les enfants des rues tout en étant à la tête d'un commerce fleurissant. Vous imaginez cela en France ? Bonjour le choc des cultures !

> Nous aimons le monde des nations et des cultures. « À partir d'un seul homme, il a créé tous les peuples pour qu'ils habitent toute la surface de la terre ». La diversité ethnique est le don de Dieu dans la création et sera préservée dans la nouvelle création, quand elle sera libérée de nos divisions et de nos rivalités déchues. Notre amour pour tous les peuples est le reflet de la promesse de Dieu de bénir toutes les nations de la terre et de la mission de Dieu de créer pour lui-même un peuple formé de toute tribu, langue, nation et peuple. – L'Engagement du Cap, I.7.b

La première tâche de l'évangéliste, c'est de partir à la rencontre de ceux qui sont dehors. Pour cela, il lui faut traverser tour à tour des barrières religieuses, sociales et culturelles. Gernot Elsner, fondateur de Gospel Tribe, organise pour notre programme de formation de jeunes évangélistes des camps de mission extrême. Attention ! frissons garantis ! Nos jeunes partent dix jours sans savoir où ni comment ils reviendront. Ils apprennent à traverser des frontières religieuses en partageant l'amour de Dieu à des musulmans en Afrique du Nord, des frontières sociales en vivant 24 heures dans le quartier rouge d'Amsterdam, des frontières culturelles en nettoyant une ferme inondée au sud de la Pologne. Ils suivent Gernot, l'observent, l'imitent. Gernot est l'incarnation de Philippe dans l'Europe du XXIe siècle !

2. L'évangéliste proclame l'Évangile

L'évangéliste proclame l'Évangile. « Ceux qui avaient été dispersés allaient de lieu en lieu, annonçant la bonne nouvelle [*euangelizomenoi*] de la Parole. Philippe, étant descendu dans la ville de Samarie, y prêcha [*ekeryssen*] le Christ » (Actes 8 : 4-5). C'est le cœur de l'évangélisation !

En grec, trois verbes sont généralement utilisés pour parler d'évangélisation : *euangelizô* (annoncer une bonne nouvelle), *kerussô* (proclamer) et *martureô* (apporter un témoignage). Si le premier est toujours accompagné d'un complément d'objet direct, décrivant ainsi l'objet de la nouvelle (le royaume de Dieu, Actes 8 : 12 ; Jésus, Actes 5 : 42 ; 8 : 35 ; 17 : 18), le deuxième apporte un éclairage sur la méthode. Celle d'une parole proclamée par un *kerux* (messager) à ceux qui sont en dehors de la communauté des saints. Le troisième insiste sur la véracité du message proclamé, ainsi que sur la crédibilité de celui qui l'annonce[27].

Comme le résume William Temple :

> Évangéliser, c'est proclamer Jésus-Christ dans la puissance du Saint-Esprit afin que les hommes mettent leur foi en Dieu par lui, l'acceptent comme leur sauveur et le servent comme roi dans la communion de l'Église[28].

---

[27] Raphaël ANZENBERGER, « Évangélisation (historique et pratique) », in *Dictionnaire de Théologie pratique*, op. cit., p. 324.

[28] Cité par Michael GREEN, *L'Évangélisation dans l'Église primitive : Le développement de la mission chrétienne des origines au milieu du troisième siècle*. Lavigny/Saint-Légier : Groupes Missionnaires/Emmaüs, 1981, p. 5.

Le chapitre suivant reviendra en détail sur cette belle tâche qu'est la proclamation de l'Évangile.

3. L'évangéliste lance une invitation

« Si vous n'avez pas lancé l'invitation à répondre au message de l'Évangile, vous n'avez pas évangélisé ! » martelait Bill Jones, mon professeur d'évangélisation à Columbia international university (CIU). *C'est déjà dur d'arriver au bout de la présentation de l'Évangile, s'il faut en plus inviter la personne à prendre position, c'est mission impossible !* pensais-je. Ça marche peut-être ici aux États-Unis, mais jamais en France. Ah ! l'exception de la culture française... Tellement pratique pour se justifier !

Un soir, alors que j'étudiais à CIU tout en travaillant pour financer mes études, j'ai invité mes amis de promo à rencontrer mes collègues de Michelin autour d'un barbecue bien américain. D'un côté, il y avait des évangélistes pur sucre formés à la Bill Jones. De l'autre des franchouillards pur souche formés à la Voltaire. Un peu plus tard dans la soirée, je m'inquiétai de la disparition de mes évangélistes. Avaient-ils capitulé face à l'exception française ? *Que nenni !*

Chris vint me trouver avec un grand sourire.

— Où étais-tu ?

— J'ai pris Laurent à part pour lui partager l'Évangile.

— Ah bon ? Il était intéressé ? (Première surprise.)

— Oui, il était très attentif. À la fin, je lui ai demandé s'il voulait donner sa vie à Jésus.

— Ah bon ! Et qu'est-ce qu'il a répondu ? (Au-dedans, je bouillais : *Il me casse la baraque ! Après, c'est moi qui dois me coller le SAV au boulot. Pas cool !*)

— Il a dit qu'il était très intéressé, mais avait encore besoin de temps pour bien asseoir sa décision. Je l'ai encouragé à venir te parler et j'ai prié avec lui. FUN !

— Fun, oui, c'est le mot ! (Seconde surprise.)

Si vous n'avez pas lancé l'invitation à répondre au message de l'Évangile, vous n'avez pas évangélisé ! Comme le précise la

Déclaration de Lausanne: « L'évangélisation elle-même est la proclamation du Christ, en vue de persuader les hommes à venir personnellement à lui pour être réconciliés avec Dieu » (art. 4). En résumé, *l'évangélisation est un double mouvement*, le premier du messager vers l'auditoire (la proclamation), le second de l'auditoire vers le messager et, en dernier lieu, Dieu (l'invitation à répondre). Double mouvement : de l'intérieur vers l'extérieur, de l'extérieur vers l'intérieur.

Quand l'évangéliste formule une invitation, c'est une invitation à faire un pas de plus vers Jésus. Un pas de plus vers lui, c'est aussi un pas de distance avec son ancienne vie. Nous ne proclamons pas l'adhésion à une position philosophique. Nous invitons les personnes à confier leur vie à une personne. Donner sa vie à Jésus, c'est changer d'allégeance : du roi-moi au roi-Jésus. L'invitation est douce, mais persistante. « Comprends-tu ce que tu lis ? » demandait Philippe (Actes 8:30). « Et si aujourd'hui était le temps de faire le pas ? Veux-tu qu'on le fasse ensemble ? » proposait Chris.

L'évangéliste a reçu ce don divin qui lui permet à la foi d'être clair sur le contenu, et insistant sur la décision à prendre. Il intervient souvent à la fin d'un long processus qui peut prendre plusieurs années (voir p. 153). Il a l'honneur de cueillir le fruit, d'assister à la nouvelle naissance. Comme une sage-femme, l'évangéliste anticipe la vie d'en haut. Il la voit avant tout le monde et la joie l'envahit.

C'est cette joie qui fait de cette décision un moment inoubliable, empreint d'amour et de paix lorsque le pécheur convaincu par l'Esprit saint fléchit le genou et accueille celui qui est son Seigneur !

4. L'évangéliste incarne la Parole dans le geste de compassion

Vous seriez surpris d'entendre, sur le champ missionnaire, des hommes de Dieu se déchirer, pire, s'entre-dévorer sur ce point. La compassion au social, la proclamation à l'évangéliste ! Deux tâches différentes pour deux appels différents. Ah bon ?

Philippe a servi aux tables (Actes 6). Préalable à la qualification au ministère d'évangéliste ? Il a chassé des démons et guéri des malades (Actes 8:7). Il a exercé l'hospitalité dans sa maison lorsque l'équipe de Paul revint de son troisième voyage missionnaire (Actes 21:8). Philippe associait le geste de compassion à la proclamation. Plus encore, il *incarnait* la compassion dans sa proclamation.

Comme le souligne la Déclaration de Lausanne (art. 5) :

> Nous avons parfois considéré l'évangélisation et l'action sociale comme s'excluant l'une l'autre. La réconciliation de l'homme avec l'homme n'est pas la réconciliation de l'homme avec Dieu, l'action sociale n'est pas l'évangélisation, et le salut n'est pas une libération politique. Néanmoins, nous affirmons que l'évangélisation et l'engagement sociopolitique font tous deux partie de notre devoir chrétien. Tous les deux sont l'expression nécessaire de notre doctrine de Dieu et de l'homme, de l'amour du prochain et de l'obéissance à Jésus-Christ.

Ainsi, la proclamation de l'Évangile doit toujours s'incarner dans un geste de compassion. Si j'annonce l'Évangile alors qu'aucun acte ne prouve mon amour, je discrédite par mon attitude le message biblique.

Traverser des barrières religieuses, sociales, culturelles afin de proclamer l'Évangile et inviter les personnes à y répondre, le tout avec le souci d'incarner le geste de compassion : voilà les quatre tâches de l'évangéliste, qu'il exerce en dehors de l'Église.

Mais son action ne se limite pas qu'à l'extérieur. L'évangéliste accomplit deux autres tâches, cette fois-ci à l'intérieur de l'Église.

B. Les tâches de l'évangéliste dans l'Église

1. Il développe l'Église locale dans sa dimension d'évangélisation

Philippe ne s'est pas arrêté à l'invitation. Il est allé jusqu'au baptême des Samaritains (Actes 8:12) et de l'eunuque (Actes 8:38) ! Autrement dit, l'évangéliste comprend que la conversion n'est pas la finalité de son appel. L'intégration dans l'Église par le point d'entrée qu'est le baptême si. L'évangélisation cède le pas à la formation de disciple, non par une rupture, mais en continuité.

Les évangélistes se sont trop souvent arrêtés à l'aspect extérieur de leur ministère : « Après la conversion, c'est le problème de l'Église ! » entendons-nous dire. Ah bon ? Ne sommes-nous pas aussi l'Église ? Si la réponse est oui, alors c'est aussi *notre* problème ! Le chapitre 6 précisera la raison de cette fracture dans le ministère de l'évangéliste.

Lorsque l'Église accueille de nouveaux convertis en son sein, il y a de la joie… pour tout le monde ! L'Église est encouragée à persévérer dans la prière pour ceux qui sont appelés à proclamer le mystère de Christ afin que Dieu ouvre encore plus de portes pour l'annonce de sa Parole (Col. 4 : 3). L'évangéliste est béni et bénit l'Église en retour.

Dans l'épître aux Éphésiens, Paul précise que l'évangéliste, en plus des autres ministères ou fonctions (apostolique, prophétique, pastoral-enseignante), est donné « pour le perfectionnement [*katartismon*] des saints en vue de l'œuvre du ministère [*diakonias*] et de l'édification [*oikodomên*] du corps de Christ » (Éph. 4 : 12). Autrement dit, sa tâche est double : perfectionner les saints et édifier l'Église.

« Le perfectionnement [*katartismon*] des saints en vue de l'œuvre du ministère » (v. 12), ou « former les saints pour l'œuvre du ministère » (*NBS*) est une tâche qui accompagne la formation de la communauté[29]. L'évangéliste doit donc prendre sa part et contribuer à cet effort important de formation des saints.

L'évangéliste a une tâche unique dans la liste des fonctions du verset 11 : celle de former les saints au témoignage. En effet, les Écritures sont formelles : tous sont appelés à témoigner de l'espérance en Christ (1 Pi. 3 : 15 ; Col. 4 : 6). L'évangéliste doit donc développer des outils de formation pour aider les saints à vivre une vie sanctifiée qui sera le point de départ de conversations apologétiques avec ceux du dehors. Pour cela, il faut que l'Église soit avant tout une communauté de prière (cf. chap. 3). L'évangéliste doit montrer l'exemple.

Les outils de formation au témoignage sont nombreux. L'évangéliste doit en maîtriser au moins un, et proposer de former les membres de l'Église soit sous forme de séminaire, soit sur le terrain. L'évangéliste veillera aussi au témoignage de l'Église dans son entier. Quel est son rayonnement dans le quartier, dans

[29] Gerhard KITTEL, *Theological dictionary of the New Testament*. Grand Rapids : Eerdmans, 1995, p. 476.

la ville ? Comment s'inscrire pleinement dans la vie de la cité ? Où sont les besoins, par quoi commencer ?

Attention danger ! Deux lectures missiologiques à éviter quant au rôle de l'évangéliste dans la liste des fonctions (Éph. 4 : 11-12).

• **Certains missiologues minimisent l'œuvre des saints.** Ils lisent Éphésiens 4 : 11-12 ainsi : « Il a donné [...] les évangélistes [...] en vue de l'œuvre du ministère ». Et hop ! je me débarrasse des saints ! Pratique, parce que les gens de l'assemblée ne sont en vérité pas très bons en évangélisation. Mieux vaut que je m'en charge ! Mais ce n'est pas ce que le texte dit.

L'évangélisation communautaire est une arme très puissante. L'Évangile que nous proclamons est à la fois propositionnel (l'appropriation du message fondamental, le kérygme), et relationnel (l'intégration dans la communauté des saints). Si nous négligeons cela, il sera compliqué de faire de ces convertis des disciples.

À une époque, il était à la mode de dire : « Tu crois, tu appartiens, tu te conformes ». Le vrai problème était de passer du premier au deuxième point. En gros : « La bonne nouvelle, c'est que tu es sauvé. La mauvaise, c'est qu'il faut aller à l'Église [sic !]. Je sais, moi aussi ça me fait le même effet ».

J'observe aujourd'hui le contraire : « J'appartiens, je me conforme, je crois ! » Autrement dit, la communauté des saints devient un lieu où la personne en recherche chemine, découvre, imite. C'est là que l'évangéliste joue son rôle, en insistant sur la nécessité de prendre une décision.

L'Église émergente[30] a saisi ce changement de paradigme. Mais parce qu'elle refuse d'embrasser une théologie de la conversion, elle ne connaît au final que très peu de croissance numérique.

• **D'autres missiologues éliminent carrément le rôle des saints.** Ils lisent Éph. 4 : 11-12 ainsi : « Il a donné les uns [...] les autres [...] les autres [...] les autres [...] les saints [...] le corps du Christ » et arrivent à la conclusion que nous sommes tous ou bien apôtre (A), ou bien prophète (P), ou bien évangéliste (E), ou

[30] Cf. Brian McLaren, *Réinventer l'Église*. Valence : LLB, 2006.

bien pasteur (Pa) ou bien docteur (D). Du coup, les saints incarnent tous l'une ou l'autre fonction, et le tour est joué. Le corps du Christ est en marche, il n'y a que des pros ! Certains poussent même l'analyse jusqu'à dire que nous avons tous en nous un peu de A, de P, de E, de Pa ou de D, mais toujours avec une dominante ! Là non plus, ce n'est pas ce que le texte dit.

Car si tous sont APEPaD, alors, pourquoi Paul différencie-t-il « les saints » de ces quatre fonctions ? Attention à une lecture sociologique, voire économique des textes ! Les missiologues ne peuvent se contenter d'une exégèse boiteuse, sous prétexte d'être les pionniers de la sémantique !

Lorsque ces quatre fonctions (apostolique, prophétique, évangéliste et pastoral-enseignante) travaillent en synergie dans une implantation d'Église, on retrouve ce que Ralph Shallis qualifiait « d'Église portative ». En d'autres mots, l'équipe d'implantation APEPaD porte en elle l'ADN de la future communauté. Les fonctions travaillent en symbiose, les unes avec les autres, et l'Église se construit (*oikodomên*) (Éph. 4 :12) tout naturellement. C'est la seconde dimension du rôle de l'évangéliste dans le développement de l'Église.

Autrement dit, l'évangéliste doit apprendre à travailler en équipe en Église pour donner à son ministère toute sa dimension de croissance (cf. chap. 6). Philippe l'a démontré lorsqu'il a travaillé avec les apôtres de Jérusalem en Samarie, et l'a vécu dans sa propre maison avec ses quatre filles prophétesses !

2. Il multiplie les vocations d'évangélistes autour de lui

La deuxième tâche de l'évangéliste au sein de l'Église est la multiplication des vocations.

Attention danger ! L'évangéliste peut naturellement se concentrer sur la foule qui le suit, plutôt que sur les vocations qu'il suscite. C'est souvent le critère de réussite d'un évangéliste. Plus la foule est nombreuse, plus l'évangéliste est doué. Quel dommage !

Combien de sites internet d'évangélistes stars font l'apologie de la foule ! Malheur aux évangélistes qui se glorifient des fruits de leur ministère ! Pensons à tous ceux qui ont œuvré dans la souffrance et la persécution dans des régions hostiles à l'Évangile, sans voir de leur vivant le fruit de leur effort ! Un peu de respect, les amis ! Il faut replacer le curseur au bon endroit. Pas davantage de foule, mais plus de vocations ! C'est un antidote remarquable pour garantir une meilleure vision du ministère !

L'évangéliste doit garder l'œil ouvert sur les jeunes pousses. Bien souvent, Dieu suscite des vocations… parmi ceux qu'il nous est donné d'évangéliser !

Dans notre implantation d'Église, nous avons déjà de très belles vocations. Nous les avons repérées, affirmées et formées pour qu'elles puissent grandir dans l'appel qui leur est confié. Certaines de ces pousses sont jeunes !

Il y a quelque temps, j'ai été convoqué par la maîtresse de ma fille, Abigail, à qui j'ai dédié ce livre. (Je t'aime, ma fille ! Même si sur ce coup-là, tu m'as embarrassé !)

— Vous savez pourquoi vous êtes convoqué ? me demande la maîtresse. Votre fille ne vous l'a pas dit ?

— Euh, une histoire de petits papiers qui circulent en classe ? Sachez que je n'approuve pas. Je le lui ai dit !

— Oui, les petits papiers, certes. Mais savez-vous ce qu'il y a d'écrit sur les petits papiers ?

Je suis retourné au bureau de l'Église tout penaud. Là, Rébecca et Olivier, mes deux collègues évangélistes, me regardent avec insistance : « Et alors ? » Je leur montre le papier. Ils éclatent de rire : « Go Abi ! You rock ! »

Il n'y en a pas un pour sauver l'autre.

Je compatis avec Philippe. Ça ne devait pas être tous les jours facile dans sa maison. Imaginez. Quatre filles, c'est déjà compliqué (je n'en ai que deux). Mais quatre filles prophétesses ! J'aurais abdiqué !

Pour conclure

Six tâches, un ministère. Traverser des barrières religieuses, sociales, culturelles afin de proclamer l'Évangile et inviter les personnes à y répondre, le tout dans le souci d'incarner le geste de compassion. Développer l'Église locale dans sa dimension d'évangélisation tout en veillant à la multiplication des vocations. L'évangéliste travaille localement et globalement.

La tension entre le local et le global était une réalité pour le ministère d'évangéliste. Philippe est un exemple qui démontre que ces deux dimensions ne doivent pas forcément être séparées, mais intégrées dans une dynamique saine. L'évangéliste est solidement ancré dans une communauté locale, exerçant son ministère parmi les saints (Actes 21 : 8 ; Éph. 4 : 12), mais est libre de sillonner les routes régionales pour travailler parmi les non-évangélisés (Actes 8). Spencer résume bien cet équilibre à trouver : « L'implication de Philippe dans son fief de Césarée complète à la fois son service aux tables à Jérusalem, et son ministère d'évangéliste itinérant en Judée et en Samarie[31] ».

[31] F. Scott SPENCER, « Philip the evangelist », in *Dictionary of the later New Testament and its developments*. Downers Grove (USA) : IVP, 1997, p. 929-931.

Pour aller plus loin

Interview de **Saotra Rajaobelina**, *évangéliste, conférencier et formateur*

Comment cultivez-vous votre fardeau pour les perdus ?

Avoir un cœur pour les perdus est une histoire de relations.

La relation avec Dieu : Dieu a un cœur, une passion pour les perdus. Son amour pour le monde est tel qu'il a donné ce qu'il avait de plus cher, son Fils, pour le sauver. En grandissant dans mon intimité avec lui, en regardant son cœur, je peux le laisser me transmettre sa compassion pour ceux qui ne le connaissent pas encore.

La relation avec les passionnés de Dieu : notamment des amis à moi, évangélistes aussi. Passer du temps avec eux revient toujours à aborder le sujet de l'évangélisation, à prier, à élaborer des projets, etc. J'aime le récit de Pierre et Jean en Actes 4 : ils viennent d'être menacés par les autorités religieuses de l'époque qui leur interdisent de prêcher. Cela ne devait pas être une situation agréable pour eux. Cependant, nous dit le texte, ils sont revenus chez les « leurs », et immédiatement la ferveur, la passion, l'enthousiasme a repris le dessus. Une des prières les plus audacieuses concernant la proclamation de l'Évangile est montée vers Dieu ce jour-là. Je ne peux compter les fois où, en parlant au téléphone avec un ami, un enthousiasme est né, des prières ont fusé, des projets fous ont été conçus.

La relation avec les perdus : on peut être un professionnel de l'annonce de l'Évangile et ne plus jamais avoir de relations authentiques avec des non-croyants. C'est en côtoyant les non-chrétiens que notre passion grandira. Nous les connaîtrons, écouterons leurs souffrances, comprendrons leurs inquiétudes. J'ai vécu en cité universitaire, et je vis depuis deux ans dans un foyer de jeunes travailleurs. Vivre avec et parmi ces jeunes fait indéniablement grandir ma compassion pour eux.

Comment intégrez-vous la tension entre évangélisation et action sociale dans votre ministère ?

Cette tension existe pour nous, mais elle n'existait pas pour notre modèle, Jésus-Christ. Lorsque Jésus prêchait l'Évangile aux foules, il prenait soin aussi de les nourrir physiquement. Lorsqu'il allait guérir les malades, il ne cachait pas qui il était ni pourquoi il était venu sur terre.

Parce que mon désir est de voir les nations touchées par l'Évangile, j'ai particulièrement à cœur les étudiants internationaux. La plupart de ceux qui viennent en France sont originaires de pays où il y a très peu de chrétiens. J'ai la conviction que Dieu les envoie chez nous afin qu'ils se lient d'amitié avec des chrétiens et entendent l'Évangile.

Je collabore avec une toute jeune association : Un cœur pour le monde. Celle-ci est intégrée à une Église de la banlieue de Nantes. Son objectif est notamment l'accueil des étudiants étrangers. Le couple consacré à ce ministère s'est lié d'amitié avec nombre d'étudiants cette année. L'un de ces amis, musulman, Bakari est dans le comité de plusieurs associations étudiantes de la ville. D'un côté, Bakari étudie la Bible avec Vincent, l'équipier de l'association. D'un autre, il leur a partagé tant d'histoires dramatiques d'étudiants étrangers et en grande difficulté en arrivant en France ! Certains de ses compatriotes ont dû dormir les premières nuits dans des parcs, ne sachant pas où aller. C'est pourquoi Bakari a demandé à l'association Un cœur pour le monde un coup de main face à cette situation. L'association est donc sollicitée pour la rentrée prochaine afin d'aider au transport entre l'aéroport ou la gare, jusqu'au campus. En outre, elle a pu mobiliser des croyants qui se sont proposés d'héberger d'urgence les futurs nouveaux arrivants ayant des difficultés de logement à leur arrivée à Nantes.

Finalement, action sociale et évangélisation sont intimement liées. À moi de ne pas les séparer !

Comment veillez-vous à garder le lien avec l'Église locale ?

Lorsque je proclame l'Évangile, j'aime me rappeler que Jésus n'est pas mort uniquement pour des individus pris isolément. Mais aussi pour son épouse, l'Église. Beaucoup de passages des

Écritures concernent la vie communautaire. Vivre ce que l'on prêche, cela exige aussi une vie d'Église. Pourtant, ce n'est pas toujours simple pour un prédicateur itinérant. À certaines périodes de l'année chargées en déplacement, j'ai l'impression d'être un peu déconnecté des affaires courantes de mon Église locale.

Cependant, afin que ma vie d'Église ne soit pas fictive mais bien réelle, nous avons élaboré une charte avec le conseil de mon Église au début de mon ministère. Je suis reconnu comme évangéliste de l'Église. En conséquence, je me fixe d'être présent à un culte au moins une fois par mois pour prêcher. Je suis davantage certains projets, concernant particulièrement la mission. Par ailleurs, j'essaie de participer quand je le peux à un groupe de maison en semaine. Enfin, j'ai pu cette année, semaine après semaine et sur plusieurs mois, accompagner un jeune au travers d'une formation de disciples, ainsi que former d'autres à accompagner à leur tour.

Comment repérez-vous les futurs évangélistes ?

Repérer des futurs évangélistes est un aspect important de mon ministère. L'association avec laquelle je travaille, outre la proclamation de l'Évangile, a comme priorité la multiplication d'évangélistes. Ainsi, que ce soit dans mon Église locale ou lorsque je voyage, j'essaie d'être très attentif pour voir si je discerne des évangélistes. Je regarde qui est passionné lorsque l'on parle de l'évangélisation. Qui a sans cesse l'esprit tourné vers ceux qui sont à l'extérieur de l'Église. Une fois que je discerne ce don, je le dis à la personne. C'est extrêmement important pour moi de le lui exprimer clairement. Car si ils ou elles sont évangélistes, ils ont la responsabilité de développer ce don et de mobiliser l'Église.

Or, beaucoup d'évangélistes le sont sans le savoir. Personne ne le leur a jamais dit. Du coup, ils ne développent pas forcément leur potentiel. C'est pourquoi, dès lors que je dis à une personne qu'elle est évangéliste, je lui explique ses responsabilités et propose à certains quand c'est possible de les accompagner dans leur ministère. Si j'agis ainsi, c'est parce que certains – comme l'auteur de ce livre ! – ont fait de même avec moi.

CHAPITRE 5

Stop ! Nous avons un message à vous partager !

Le message de l'évangéliste

L'évangéliste répand la Bonne Nouvelle : Jésus-Christ est mort pour nos péchés, il est ressuscité des morts selon les Écritures, il règne en Seigneur et il offre maintenant à tous ceux qui se repentent et qui croient, le pardon des péchés et le don du Saint-Esprit (Déclaration de Lausanne, art. 4). C'est une bonne nouvelle !

Combien de nos contemporains connaissent cette bonne nouvelle ? Lorsqu'on étudie de près les sondages, on observe rapidement que les Français, par exemple, cultivent des images exotiques sur le christianisme. Le Québec n'est pas mieux loti. Je me souviens d'un micro-trottoir à l'occasion des 400 ans de la ville de Québec. Nous jouions au jeu des correspondances :

— Si je vous dis : « Saint-Laurent », vous me dites ?

— Québec.

— Si je vous dis : « Tour Eiffel » ?

— Paris.

— Dieu ?

— Nuage.

— Péché ?

— Poisson.

— Jésus ?

— N'existe pas.

Véridique... Stop ! Nous avons un message à vous partager ! Et ça n'a rien à voir avec ce que vous croyez !

Ce message est puissant !

Paul dit : « Je n'ai point honte de l'Évangile : c'est la puissance [*dunamis*] de Dieu pour le salut de quiconque croit » (Rom. 1 :16).

> L'Évangile (gr. *euaggelion* ou *kêrygma*) est centré sur la personne et l'œuvre de Jésus-Christ (Actes 5 :42 ; 8 :35 ; 28 :31). Pour les Juifs, l'Évangile est la bonne nouvelle de l'accomplissement des promesses de l'Ancien Testament (Actes 2 :22-36 ; 3 :13-25). Pour ceux qui ne sont pas de tradition juive, c'est la bonne nouvelle de l'inauguration d'un nouveau royaume, royaume de paix acquis par la victoire du Christ à la croix sur Satan (Col. 2 :15). La proclamation de cet *euaggelion* fait plus qu'annoncer la venue du royaume, elle la provoque en vertu de la puissance intrinsèque qui l'habite. En effet, l'Évangile n'est pas une simple parole humaine : il est parole de Dieu (1 Pi. 1 :12) qui produit une nouvelle naissance (1 Pi. 1 :23-25). « L'Évangile ne rend pas seulement témoignage de l'histoire du salut ; il est lui-même l'histoire du salut ». La puissance de l'Évangile ne réside donc pas dans le messager, mais dans le message comme puissance (*dunamis*) de Dieu pour le salut de quiconque croit[32].

L'évangéliste doit saisir cette réalité théologique. Non seulement l'Évangile est puissant, mais il est *suffisant* en lui-même, pour générer la vie par le Saint-Esprit dans la vie de son auditeur.

Les quatre angles du message de l'évangéliste

Fort de cette assurance, l'évangéliste veillera à travailler son message toujours et encore sous les angles de la théologie (le contenu), de la confrontation (la décision), de l'apologétique (la raison) et de la communication (l'adaptation).

1. Le message sous l'angle de la théologie[33]

Ne nous y trompons pas. Le message que nous proclamons n'a rien de commun avec les religions anciennes ou les philosophies modernes. En effet, Jésus n'est pas venu nous apporter une

---

[32] Raphaël ANZENBERGER, « Évangélisation (historique et pratique) ». In *Dictionnaire de théologie pratique*, op. cit., p. 325.

[33] Cf. Raphaël ANZENBERGER, « Les nouvelles spiritualités : l'engouement contemporain pour la spiritualité », in *La Revue Réformée*, vol. LXII. Aix-en-Provence : Kerygma, 2011.

nouvelle théologie, quand bien même il n'y a rien de plus profond que de le connaître, lui.

Jésus n'est pas venu nous imposer une nouvelle liste de commandements à respecter à la lettre, quand bien même il n'y a rien de plus important que de lui obéir.

Jésus n'est pas venu nous ouvrir à une nouvelle expérience mystique, quand bien même il n'y a rien de plus radical que de le rencontrer personnellement.

Il a fait bien plus que tout cela !

L'Évangile de Christ est puissant parce qu'il est ancré dans la personne de Jésus, « en lui ». C'est pour cela que Paul écrit à Timothée : « Je n'en ai point honte, car je sais en *qui* j'ai cru » (2 Tim. 1:12). Notez « qui » et non pas « quoi ».

L'Évangile que nous proclamons prend sa source dans l'être même de Dieu[34]. Nous le voyons tour à tour dans la manière dont Christ se révèle, nous sauve, et nous transforme.

La révélation de Dieu en Christ

Jésus n'est pas venu nous raconter des choses sur Dieu. Il est Dieu, venu en personne. Celui qui a vu le Christ a vu le Père (Jean 14 :7). Et c'est parce qu'il est Dieu (sa nature) qu'il a pu accomplir pleinement le ministère que le Père lui avait confié (Héb. 10 :5-7). Ses paroles et ses actes découlent de sa nature. Ni un ange ni même un archange ne pouvaient accomplir l'œuvre à sa place.

Plus encore : au travers de l'incarnation, il est devenu l'un des nôtres, un fils de la race d'Adam, descendant de la lignée de David « selon la chair » (Rom. 1:3 ; 8:3 ; 2 Tim. 2:8), ayant pris sur lui notre condition humaine, la condition de notre existence.

Le salut de Dieu en Christ

C'est au travers de la mort physique et de la résurrection corporelle de Christ que nous sommes sauvés. Ces événements forment l'essence du kérygme que nous proclamons.

---

[34] On parlera de la racine ontologique de l'Évangile, à la différence des autres religions qui prennent comme point de départ la connaissance (orthodoxie) ou la pratique (orthopraxie). Dans le christianisme, on part de l'ontologie pour découler sur l'orthodoxie et l'orthopraxie.

C'est parce que Jésus-Christ est devenu « péché pour nous », parce qu'il a pris sur lui nos transgressions, que nous sommes justifiés (2 Cor. 5 : 21). Il est devenu ce qu'il n'était pas, pour que nous devenions ce que nous n'étions pas. Comme le rappelle Irénée de Lyon :

> Il fallait que le Fils de Dieu se fît vraiment homme pour sauver l'homme ; [...] il fallait donc que celui qui devait tuer le péché et racheter l'homme digne de mort se fasse cela même qu'était celui-ci, c'est-à-dire cet homme réduit en esclavage par le péché et retenu sous le pouvoir de la mort, afin que le péché fût tué par un homme et que l'homme sortît ainsi de la mort. – *Adversus Hæreses*, III, 18, 7

Jésus, Dieu-homme infini, a pris sur lui un nombre infini de péchés. Sur le bois, pendu entre ciel et terre, il a été maudit par Dieu le Père pour nos péchés. Jésus s'est substitué à nous. Celui qui n'avait jamais connu le péché *est devenu* notre péché, afin que nous *devenions* sa justice.

L'œuvre de sanctification en Christ

Jésus rappelle à Nicodème que « si un homme ne naît de nouveau, il ne peut voir le royaume de Dieu » (Jean 3 : 3). Le problème fondamental auquel est confrontée l'humanité déchue n'est pas à rechercher dans un manque de connaissance théologique comme le pense l'islam, ou dans une mauvaise éthique de vie comme l'affirme le bouddhisme. Son problème vient de la réalité d'une mort spirituelle qui sépare à jamais l'homme de Dieu. Pour qu'il y ait renaissance spirituelle, il faut que Dieu fasse renaître le pécheur mort par son Esprit.

Lorsque quelqu'un répond à la proclamation de l'Évangile, il naît de Dieu (1 Jean 3 : 9), la semence de corruption perd sa puissance, et l'homme renouvelé par l'Esprit produit alors les fruits d'une nouvelle vie.

Les religions anciennes ou les philosophies modernes ne peuvent semer en l'homme la vie nouvelle. Cette vie ne peut être accordée que d'en haut, et non d'en bas. Comme aime à le rappeler Ravi Zacharias, un évangéliste passionné par la théologie du message : « La moralité n'est ni le point de départ ni la finalité du salut. Le Fils de l'Homme n'est pas mort sur la croix pour que des méchants deviennent des gentils, mais pour que des morts deviennent des vivants. Ce n'est pas la même chose ! » (extrait de l'une de ses prédications).

Le pécheur ainsi revenu à la vie découvre cette nouvelle réalité, cette tension eschatologique du « déjà sauvé, pas encore glorifié ». C'est seulement au sein de cette tension que le présent peut être vécu pleinement.

L'éthique n'a de sens que si les questions d'origine (« D'où venons-nous ? ») et de finalité (« Où allons-nous ? ») ont été correctement posées. Elles le sont dans l'Évangile que nous proclamons, dans la cène que nous célébrons : « Toutes les fois que vous mangez [présent] ce pain et que vous buvez cette coupe, vous annoncez la mort du Seigneur [passé], jusqu'à ce qu'il revienne [futur] » (1 Cor. 11 : 26). L'homme revenu à la vie voyage dans le temps, les pieds sur terre, la tête dans les nuages, ses yeux fixés sur la Nouvelle Jérusalem à venir.

Ce message m'émerveille à chaque fois...

Stop ! On a un message à vous partager ! Et ça n'a *vraiment rien à voir* avec ce que vous croyez !

L'évangéliste doit être très au clair sur la théologie du message qu'il proclame. La fidélité au kérygme n'est pas une option. Sans fidélité au message, pas de graine d'incorruptibilité semée dans le cœur de l'auditeur.

2. Le message sous l'angle de la confrontation

Comme le rappelle l'article 4 de la Déclaration de Lausanne, l'évangéliste proclame le Christ « en vue de persuader les hommes à venir personnellement à lui pour être réconciliés avec Dieu ». Si l'évangéliste doit veiller à proclamer fidèlement tout le kérygme, il doit aussi veiller à persuader l'auditeur en le confrontant à une décision.

L'Évangile proclamé sera reçu comme **une odeur de vie ou une odeur de mort**. Parfum de vie pour certains, lorsqu'ils passent de la mort à la vie par le miracle de la nouvelle naissance, parfum de mort pour d'autres :

> Nous sommes, en effet, pour Dieu la bonne odeur de Christ, parmi ceux qui sont sauvés et parmi ceux qui périssent : aux uns,

> une odeur de mort, donnant la mort ; aux autres, une odeur de vie, donnant la vie. Et qui est suffisant pour ces choses ? – Car nous ne falsifions point la parole de Dieu, comme font plusieurs ; mais c'est avec sincérité, mais c'est de la part de Dieu, que nous parlons en Christ devant Dieu. – 2 Corinthiens 2 :15-17, *LSG*

L'évangéliste peut être tenté de « falsifier la parole de Dieu », en omettant de souligner les conséquences éternelles de la non-obéissance. La réalité est que la Parole nous place devant une alternative. Elle ne laisse pas d'autre choix. Alors, autant annoncer la couleur tout de suite.

Jésus l'évangéliste a confronté son auditoire : « Non, je vous le dis. Mais si vous ne vous repentez, vous périrez tous également » (Luc 13 :3) ; « Vous êtes d'en bas ; moi, je suis d'en haut. Vous êtes de ce monde ; moi, je ne suis pas de ce monde. C'est pourquoi je vous ai dit que vous mourrez dans vos péchés ; car si vous ne croyez pas ce que je suis, vous mourrez dans vos péchés » (Jean 8 :23-24).

Pierre l'évangéliste a confronté : « Repentez-vous donc et convertissez-vous, pour que vos péchés soient effacés ! » (Actes 3 :19).

Paul l'évangéliste a confronté. Devant le roi Agrippa, il témoigne : « À ceux de Damas d'abord, puis à Jérusalem, dans toute la Judée, et chez les païens, j'ai prêché la repentance et la conversion à Dieu, avec la pratique d'œuvres dignes de la repentance » (Actes 26 :20).

Et moi, est-ce que je confronte ? Vers quelle décision est-ce que j'amène mon auditeur ?

Mon ami et collègue Florent Varak est pour moi un exemple en la matière. Quand il prêche l'Évangile, il annonce toute la couleur. Le kérygme y est, mais il ne s'arrête pas là. Il met toujours son auditoire devant les conséquences de ses choix : la vie… ou la mort. C'est clair parce que l'Évangile est clair. Et c'est puissant parce que l'Évangile est puissant. Pour certains, il est reçu comme une odeur de mort donnant la mort, pour les autres, comme une odeur de vie donnant la vie. Notre responsabilité est de placer l'auditeur devant ce choix. Le reste appartient à Dieu.

L'évangéliste doit travailler son message sous l'angle de la théologie, mais aussi de la confrontation. L'un ne va pas sans l'autre. Si j'ai prêché l'Évangile sans confronter l'auditeur à la décision, je n'ai pas « évangélisé ».

3. Le message sous l'angle de la communication

La communication du message se travaille à deux niveaux : la forme du message et le support du message.

Adapter la forme du message

J. John, évangéliste anglais, démontre à merveille cette capacité d'adapter la forme du message en fonction du public, sans jamais rien enlever au contenu du kérygme. Par exemple, lorsqu'il prêche dans des grands rassemblements de jeunesse, devant des milliers de jeunes assis par terre sur leur sac de couchage, il présente l'Évangile sous cette forme :

> L'Évangile,
> c'est un plein pardon pour ton passé,
> une nouvelle vie pour aujourd'hui, et
> une espérance pour demain.

J'aime beaucoup ! C'est mnémotechnique, fidèle à la théologie, et la confrontation coule de source.

Autre exemple : lorsqu'il prêche dans les campagnes anglaises aux chrétiens « de Noël et Pâques », il met en forme son message à partir des dix commandements, car les anciens sont sensibles à l'importance de l'obéissance… Cela donne une série qu'il appelle *Just 10'*.

1er commandement : revisite tes priorités.
2e commandement : connais Dieu.
3e commandement : prends Dieu au sérieux.
4e commandement : reprends ton souffle.
5e commandement : fais la paix avec tes parents.
6e commandement : maîtrise ta colère.
7e commandement : bétonne ton mariage.
8e commandement : prospère, la conscience libre.
9e commandement : reste fidèle à la vérité.
10e commandement : sois zen !

J. John capte l'attention du plus grand nombre avec cette série, partout où il prêche. Des centaines de personnes viennent l'écouter tous les soirs. Et beaucoup reçoivent avec joie le message de l'Évangile dans leur cœur. J. John a adapté la forme de son message à son public.

Varier le support du message

À France Évangélisation, nous explorons différents supports de communication du message. Historiquement, notre outil de prédilection est la prédication devant un auditoire. Nous maîtrisons bien ce support.

Lorsqu'Alain Stamp est devenu président de notre association, il a poussé les évangélistes proclamateurs à écrire leur premier livre d'évangélisation. C'était un nouveau support. L'écriture d'un livre n'a rien à voir avec l'écriture d'un message. Ce sont deux supports très différents, qui nécessitent deux techniques très différentes.

Daniel Coronès aime beaucoup les « soirées auteur ». Il anime sur fond musical une soirée où il raconte son témoignage, tout en y glissant le message de l'Évangile, et invitant l'auditeur à y répondre.

Emmanuel Maennlein raffole de la vidéo. Il a déjà produit plusieurs DVD d'évangélisation (*7 Clés pour découvrir Jésus*, *Exit*, etc.). À chaque fois que je le vois, il en prépare un autre !

J'ai lancé le format des Dialogues Veritas avec les GBU. Depuis 2006, nous avons organisé plus d'une centaine de soirées où nous répondons à bâtons rompus aux questions des étudiants sur Dieu.

Saotra Rajaobelina utilise beaucoup le blog et la vidéo en ligne avec une diffusion massive du message au travers des réseaux sociaux.

Un message, plusieurs supports. Cela fait aussi partie de la préparation du message de l'évangéliste. Mais attention ! la forme et le support ne font pas tout. Il faut aussi veiller à ce que le message accroche les préoccupations du public.

4. Le message sous l'angle de l'apologétique

Mon professeur d'homilétique insistait régulièrement sur la nécessité de lire autre chose que des livres de théologie. Surprenant pour un professeur de séminaire ! Mais pas pour un professeur d'homilétique.

L'évangéliste doit connaître le public. La meilleure façon de le connaître, c'est de lire ce qu'il lit. Du coup, je passe régulièrement chez le libraire avant de monter dans le train. Je lis les best-sellers dans la catégorie romans, les livres qui traitent de spiritualité, des magazines de philo, etc. Cela coûte cher, mais me permet de mieux m'identifier à mon auditoire.

L'évangéliste doit toujours se demander : *Quel est le point de contact entre mon message et mon auditeur ?* Personnellement, j'aime partir des préoccupations des gens en répondant à *la* question du moment : Quand va s'arrêter la crise ? Est-ce que la fin du monde est pour bientôt ? Pourquoi certaines religions sont-elles si violentes ? Etc. Je suis quasiment certain de connecter à un niveau ou un autre. J'appelle cela l'étape cruciale de l'identification.

Dans un deuxième temps, j'argumente. J'identifie le point de tension, je présente la perspective biblique (le kérygme) et je renverse le faux raisonnement.

Puis vient le temps de l'invitation à faire un pas décisif vers Jésus. L'auditeur est confronté au message, à lui de prendre une décision.

Identification, argumentation, invitation.

Comme le rappelle souvent mon mentor Ravi Zacharias : « L'apologétique, c'est opérer une taille dans le buisson du doute afin que le sceptique ait une bonne vue sur la croix ». L'évangéliste doit travailler son message sous l'angle apologétique, afin de toujours mieux connecter avec son auditeur.

Théologie, confrontation, communication et apologétique. Quatre angles du message de l'Évangile à travailler.

Pour conclure

Face à tout ce travail, l'évangéliste peut se sentir intimidé : « Qui est suffisant pour ces choses ? » demande Paul (2 Cor. 2 : 16).

Il donne la réponse quelques versets plus loin : « Ce n'est pas à dire que nous soyons par nous-mêmes capables de concevoir quelque chose comme venant de nous-mêmes. Notre capacité, au contraire, vient de Dieu » (2 Cor. 3 : 5). Dieu est celui qui qualifie l'évangéliste pour son message.

Je coache plusieurs jeunes évangélistes à la prédication. Après chaque message, nous faisons le point. Souvent les résultats ne sont pas au rendez-vous. En surface du moins :

— J'ai raté mon message, je ne le sentais pas sur ce coup-là.

— D'où vient la puissance, mon ami ?

— Je sais, mais je n'étais pas en forme ce matin.

— *D'où* vient la puissance, mon ami ?

— J'aurai dû travailler plus.

— **D'où vient la puissance**, mon ami ?

— Je ne sais plus...

— La puissance vient de Dieu... **Enregistre** !

Pour aller plus loin

Interview de **Marc Van de Wouwer**, *évangéliste, proclamateur, auteur et conférencier*

Comment garder le contenu de l'Évangile en l'amenant de façon adaptée aux gens d'aujourd'hui ?

Communiquer l'Évangile qui ne change pas dans un monde qui change est un défi permanent ! J'aime assez le principe de « double écoute » développé par John Stott[35]. Il consiste, schématiquement, à demeurer en parallèle à l'écoute de la Parole de Dieu

[35] John STOTT, *Le Chrétien à l'aube du XXIe siècle*, vol. 1. Québec : La Clairière, 2000, p. 101.

et du monde environnant. À l'écoute de la Parole de Dieu pour nous imprégner de la pensée, de l'enseignement et de la vie de Jésus-Christ. À l'écoute de la société pour connaître les croyances, les intérêts, les besoins, les souffrances des gens et identifier ainsi les réponses adéquates de l'Évangile. Notre but est de trouver les points de contact pour construire des aqueducs qui amèneront l'eau vive de Jésus-Christ directement au cœur des assoiffés.

Concrètement, suivons l'exemple de Jésus. Partons des besoins des gens, en construisant depuis leur rive. Écoutons avant de parler. Puisque nous vivons dans une société de l'image, utilisons une parole imagée, en inventant les paraboles de notre temps. Recherchons la simplicité (les gens ne connaissent plus l'Évangile !) et la profondeur (pas d'Évangile incomplet !) Plaçons l'Évangile en miroir du vécu des gens. Parlons à l'esprit mais aussi au cœur.

Pour nous résumer, ce n'est pas l'Évangile qui doit s'adapter, mais c'est nous. Non pas en modernisant le message de Jésus, mais en revenant au message de Jésus !

Toutefois, ne nous leurrons pas : même avec une technique parfaite, communiquer l'Évangile restera toujours ardu (et même de plus en plus), car si c'est le plus beau des messages, il provoque aussi un tsunami dans les consciences. Ce qu'il nous faut par-dessus tout, c'est du courage !

Dans une société hostile au message de l'Évangile, quel conseil donneriez-vous à un jeune évangéliste ?

Je lui dirais d'abord : tu es un privilégié !

Communiquer l'Évangile qui a le pouvoir de changer les vies et le destin éternel est certainement la plus noble des vocations. Quel autre message a cette puissance ? C'est aussi une vocation exigeante. Ce n'est pourtant pas d'hier que l'Évangile rencontre l'opposition. Jésus et ses apôtres y ont été confrontés régulièrement et ont payé de leur vie leur engagement. Dans beaucoup d'endroits au monde, les chrétiens risquent aussi leur vie. L'hostilité sociale à l'Évangile n'est une situation nouvelle que pour nous, occidentaux. Il faut t'y habituer ! N'oublie pas que la réponse, c'est l'amour de Jésus !

Ne sois pas focalisé sur la masse hostile mais reste centré sur chaque personne en particulier, avec ses besoins spirituels non assouvis. Nourris-toi de l'émerveillement de chaque vie touchée et transformée par Jésus-Christ. Ne cherche pas l'adhésion des foules, mais le changement profond et durable de chaque individu.

Face aux critiques (pas toujours infondées, reconnais-le !), ton message doit être authentique et ta vie intègre. On entend parfois des messages intégristes et on constate l'hypocrisie dans certaines vies. Si le message a son importance, le messager en a tout autant, sinon plus !

L'endurance et la patience, nécessaires avant de voir des fruits, se cultiveront dans ta relation avec Jésus. Ne prive pas Jésus de ta présence sous peine d'être privé de la sienne !

Construire et entretenir ton équilibre conjugal et familial est tout aussi indispensable pour tenir dans la durée. N'oublie pas l'influence bénéfique du sport et des moments de détente, comme antistress.

Par-dessus tout, selon Hébreux 12 :1-3, regarde sans cesse à Jésus ! Il a tout supporté, sans se décourager ni abandonner. N'oublie pas qu'il t'a appelé et qu'il a promis d'être avec toi tous les jours.

Comment préparez-vous un message d'évangélisation biblique ?

Je pars souvent d'une idée (que je note dans un carnet) basée sur un fait d'actualité ou un phénomène de société. Je sais par expérience qu'il existe toujours un texte biblique correspondant, car l'Évangile couvre tout le spectre des besoins humains et il est contemporain de toutes les générations. C'est le message de Dieu à l'homme et non pas celui d'une culture ou d'une civilisation particulière.

Une fois le texte biblique trouvé, je le médite, je l'étudie, je le dissèque pour en tirer les points principaux.

Je formule alors mon thème, le plus souvent sous forme de question.

Il est important de préciser que le fondement et la puissance du message viennent du texte biblique et de l'inspiration du Saint-Esprit, et pas du raisonnement intellectuel ou philosophique découlant du thème. L'ensemble du processus est évidemment précédé, accompagné et suivi de prières.

J'illustre ensuite les points que je développe, à l'aide d'anecdotes, d'illustrations, de citations ou d'informations puisées dans différentes sources (presse, littérature, média, internet ou ma propre base de données constituée au fil des années).

Je vérifie si le message reprend bien les points de passage obligés de tout message d'évangélisation (très schématiquement : l'homme est pécheur – son péché le condamne pour l'éternité – Jésus-Christ est venu à notre rencontre – il est mort pour le pardon de nos péchés – il est ressuscité en vainqueur pour nous offrir une vie nouvelle et la vie éternelle – il nous appelle à le croire et à changer radicalement de pensée et d'attitude vis-à-vis du péché en le reconnaissant comme Sauveur et Seigneur – voulez-vous prendre cette décision ?).

Je prépare un appel aussi clair que possible pour permettre aux auditeurs de prendre position pour ou contre Jésus-Christ, en connaissance de cause.

En un mot : j'explique des vérités de toujours avec les mots d'aujourd'hui.

Comment ne pas tomber dans un message culpabilisateur ?

C'est un travers difficile à éviter, surtout en débutant dans la proclamation. Tout comme le travers inverse d'ailleurs, que je qualifierais de message « bisounours » qui annonce que nous irons tous au paradis.

Un messager culpabilisateur pointe le péché des autres, en oubliant le sien. Il parle uniquement de la justice de Dieu, de condamnation et de jugement, de « tu dois » et « il faut ». Ce faisant, il provoque le sentiment d'échec permanent de ses auditeurs. Il finit par les dégoûter de l'Évangile avant de les détourner de Christ.

Un messager « bisounours » ne parle que de l'amour de Dieu, de grâce et de pardon pour tous, en oubliant la repentance et la nécessité de mener une vie sainte. Il éloigne tout autant ses auditeurs de Jésus-Christ par l'habitude, non réglée, de se complaire dans le péché.

Aucune de ces caricatures n'est l'Évangile !

Pour éviter ces dérives, notre message doit être comme l'Évangile : équilibré !

Équilibré entre bonne et mauvaise nouvelle : l'Évangile n'est une bonne nouvelle que parce qu'il y en a une mauvaise ! Si Jésus-Christ sauve, il faut savoir de quoi ! Le péché, ses conséquences terrestres et éternelles, doit être dépeint dans toute sa noirceur, pour que la grâce de Dieu, son amour infini et sa bonté apparaissent sous le jour le plus lumineux qui soit.

Équilibré entre foi et repentance : si nous insistons sur la foi et négligeons la nécessité de changer radicalement, nous induisons l'idée que l'Évangile est une forme de pensée sans influence sur la vie réelle : « Je suis chrétien comme je suis philatéliste ou joueur de pétanque ». Si nous insistons sur la repentance, au détriment de la foi nous prêchons le salut par les œuvres et nous en enlevons le mérite au Seigneur.

La puissance, les guérisons, les délivrances peuvent-elles accompagner la prédication encore aujourd'hui ?

Toute conversion est déjà un miracle ! C'est un bouleversement surnaturel produit par le Saint-Esprit. Le premier miracle à attendre de la prédication de l'Évangile est de voir des hommes et des femmes marqués, blessés, anéantis par le péché, transformés radicalement, reconstruits, guéris intérieurement par l'amour et le pardon de Dieu en Jésus-Christ.

Dieu ne change pas. Il sauve et délivre aujourd'hui comme hier. Il peut décider aussi de guérir et de se manifester par des signes, comme aux temps christique et apostolique. N'oublions pas, toutefois, que les gens de l'époque ne disposaient pas, contrairement à nous, de la révélation complète. Jésus a fait beaucoup de miracles destinés à prouver qu'il est Dieu. De même, le Saint-Esprit a appuyé le message des apôtres par des démonstrations de puissance divine.

Pourtant, malgré tous les miracles opérés par Jésus, ses contemporains n'ont pas cru en lui, à l'exception d'une poignée. Jésus n'a même pas pu faire le moindre miracle à Nazareth, à cause du manque de foi de ses habitants.

Les miracles ne sont pas un moyen de révélation (qui sont la création, la personne de Jésus-Christ et la Parole de Dieu).

Le but des miracles n'est pas de produire des conversions.

Si les miracles ne peuvent se produire en l'absence de foi, la proclamation de l'Évangile peut avoir lieu « en toute occasion, favorable ou non », car son but est justement de susciter la foi en Jésus-Christ.

Ma conviction est que les signes, les prodiges et les guérisons (authentifiés !) peuvent encore accompagner aujourd'hui la prédication de l'Évangile, mais que ce n'est ni automatique, ni fréquent (Dieu ne se donne pas en spectacle !), ni nécessaire pour produire le miracle de la nouvelle naissance.

Faut-il plutôt rechercher le don de guérison ou celui d'évangéliste ? Rappelons-nous les priorités de Dieu « qui veut que tous les hommes soient sauvés » et pas forcément qu'ils soient tous guéris.

La boîte à outils de l'évangéliste

Quelques exemples de prédications d'évangélisation :

- Alain Choiquier. URL : <http://www.aujourdhui-lespoir.com/messages.html> (page consultée le 2 octobre 2012)
- Fernand Legrand. URL : <http://www.info-bible.org/legrand> (page consultée le 2 octobre 2012)
- Les trésors sonores (ils possèdent aussi une application pour tablette numérique). URL : <http://www.tresorsonore.com> (page consultée le 2 octobre 2012)

- Une collection de prédications françaises. URL : <http://sermons.fr> (page consultée le 2 octobre 2012)
- Des conseils pour structurer un message d'évangélisation. URL : <http://www.levangelisation.com/rubrique.php?id=9> (page consultée le 2 octobre 2012)

CHAPITRE 6

Où placer l'évangéliste dans l'organigramme de l'Église ?

Vers une ecclésiologie qui inclut le ministère d'évangéliste

Vous aurez du mal à me croire, mais cette question me hante depuis bientôt dix ans.

On sait où placer le pasteur (en haut de l'organigramme), le conseil d'Église (en haut, à côté, en dessous du pasteur, ça dépend de votre tradition ecclésiale), le diacre, le responsable de l'école du dimanche, etc. Mais l'évangéliste ?

Chaque fois que je rencontre un évangéliste chevronné, je lui pose la question :

— Quels sont la place et le rôle de l'évangéliste dans l'Église locale ?

Chaque fois, la personne me regarde avec des gros yeux ronds et répond :

— C'est une excellente question ! Tu devrais faire des recherches là-dessus.

La chose empire lorsqu'en visitant les Églises locales, je demande au pasteur :

— Où sont vos évangélistes ?

Et lui de me répondre :

— Au cas où vous n'étiez pas au courant, il n'y a personne qui travaille pour France Évangélisation à plein temps chez nous.

Je sais, à ce stade, on appelle cela une névrose. J'ai pris une grosse pilule (thèse de doctorat) et cela va beaucoup mieux. Merci.

L'objectif de ce chapitre est de creuser cette problématique. Attention ! ça risque d'être un peu technique, mais je pense que les pistes proposées apporteront une réponse biblique, théologique et missiologique à ce déficit de reconnaissance et de positionnement de l'évangéliste dans l'Église ! En avant !

Un peu d'Histoire

Lorsqu'on retrace l'évolution historique du ministère d'évangéliste, on comprend très vite pourquoi ce ministère souffre d'un déficit de reconnaissance au sein de l'Église locale aujourd'hui.

Commençons par le début. Kevin Giles note que dans le Nouveau Testament se juxtaposent des ministères de type charismatique (comme celui d'évangéliste) et des ministères de type institutionnel (comme ceux d'anciens et de diacres) :

> Les premières lettres de Paul ainsi que les écrits de Jean témoignent de l'existence de ministères initiés entièrement par l'Esprit saint et exercés par des prophètes, orateur de langues spirituelles et d'autres investis par l'Esprit. En contraste, Luc, Jacques, 1 Pierre et les épîtres pastorales témoignent d'un ordre institutionnel dans lequel des charges de gouvernance sont établies, notamment celle d'anciens[36].

Giles précise que ces deux structures (charismatique et institutionnelle) ne sont pas opposées, mais accentuent des champs ministériels différents. Le missiologue David Bosch observe le même phénomène :

> Très tôt, nous voyons deux types de ministères distincts apparaître : d'un côté, le ministère sédentaire des évêques (ou anciens) et diacres, de l'autre côté le ministère des apôtres, prophètes et évangélistes. Les premiers tendent à pousser l'Église vers l'institutionnalisation ; les seconds conservent une dynamique de mouvement. Dans les premières années de l'Église d'Antioche, il y avait une tension génératrice de créativité entre ces deux types de ministères. Paul et Barnabas étaient à la fois leaders dans l'Église locale et missionnaires itinérants. De

[36] Kevin GILES, op. cit.

toute évidence, ils reprenaient leurs charges d'Église une fois revenus à Antioche[37].

Au IIe siècle, les écrits d'Eusèbe témoignent du fait « qu'il y avait encore beaucoup d'évangélistes de la Parole désireux d'utiliser leur zèle inspiré de l'exemple des apôtres pour l'extension et l'édification de la Parole divine[38] ». La *Didachê* fait aussi référence à cette juxtaposition de ministères sédentaire et itinérant. On semble s'orienter vers une continuité du modèle des Actes.

Mais face à la montée des hérésies qui menace le dépôt de la saine doctrine, l'Église va progressivement chercher à s'institutionnaliser. Giles constate que déjà dans les écrits d'Ignace :

> On observe une Église clairement structurée à trois niveaux dans laquelle l'épiscopat monarchique joue un rôle important. Au centre du système, il y a l'évêque, le leader incontestable de la communauté chrétienne dans la ville où il réside. Il préside le conseil d'anciens et est assisté par un groupe de diacres[39].

J. A. Robinson observe qu'à cette époque charnière :

> Le ministère de l'Église a évolué de manière graduelle. La croissance numérique et géographique de l'Église a créé de nouvelles attentes imposant de nouvelles conditions. Nous observons ainsi l'émergence d'un ministère « à trois niveaux » qui a su répondre aux attentes de l'Église depuis le deuxième siècle jusqu'à nos jours. [...] C'est pour maintenir l'unité d'ensemble que le ministère historique « à trois niveaux » demeure. Il émane du souci de préservation de l'unité, lorsque les apôtres disparurent[40].

---

[37] David BOSCH, *Transforming mission*, op. cit., p. 51 (trad. libre).

[38] Michael GREEN, *Evangelism in the early Church*. Réédition. Eastbourne : Kingsway Communications, 2003, p. 238 (trad. libre). Une édition française est disponible : *L'Évangélisation dans l'Église primitive*. Saint-Légier : Emmaus, Vevey : Groupes missionnaires, 1981, 431 p.

[39] Kevin GILES, « Church Order, Government », in *Dictionary of the later New Testament and its developments*, op. cit. (trad. libre).

[40] Joseph ROBINSON, *The Christian ministry in the apostolic and sub-apostolic periods*. In H. B. SWETE (éd.), *Essays on the early history of the Church and the ministry*, p. 57-92. London : Macmillan & Co., 1918, p. 92 (trad. libre). L'édition de 1921 est disponible en ligne et téléchargeable (PDF, ePub, mobi, kindle). URL : <http://openlibrary.org/books/OL14006886M/Essays_on_the_early_history_of_the_church_and_the_ministry> (page consultée le 16 novembre 2012).

L'institutionnalisation monarchique de l'Église (évêque, anciens, diacres) se poursuit au IIIe siècle. Les Francs organisent la vie de l'Église autour des prêtres qui prennent la direction des communautés locales, sous la supervision d'un évêque diocésain. L'évangéliste, quant à lui, disparaît des livres d'Histoire…

Puis il réapparaît à la Réforme. En effet, les anabaptistes remettent en question l'idée que le christianisme doive se structurer géographiquement en paroisse et diocèse. Pour eux, le monde entier est un champ missionnaire. Ils envoient plusieurs missionnaires sillonner l'Europe. Mais cela déplaît fortement aux réformateurs protestants. Luther refuse de reconnaître la validité d'un ministère si celui-ci n'est pas ancré dans une réalité ecclésiale régionale. L'évangéliste n'a qu'à bien se tenir s'il veut exercer son ministère[41] !

Jean Calvin pousse encore plus loin le raisonnement en remettant en question la validité permanente du ministère d'évangéliste. Il écrit :

> Touchant de ceux qui doivent présider en l'Église, pour la régir selon l'ordonnance de Christ, saint Paul met en premier lieu les apôtres, puis les prophètes, tiercement les évangélistes, après les pasteurs, finalement, les docteurs. Mais, de tous ceux-là, il y en a deux, desquels l'office est ordinaire en l'Église chrétienne : les autres ont été suscités par la grâce de Dieu du commencement, c'est-à-dire quand l'Évangile commença d'être prêché. Combien que quelquefois encore il en suscite quand la nécessité le requiert. […] Si on reçoit ceste interprétation, comme je pense que c'est le vrai sens de saint Paul, ces trois offices n'ont pas été ordonnés pour être perpétuels en l'Église, mais seulement pour le temps qu'il fallut dresser les Églises où il n'y en avait point ; ou bien qu'il fallut annoncer Jésus-Christ aux Juifs, afin de les amener à lui comme à leur Rédempteur. Combien que je ne nie pas que Dieu n'ait encore suscité des apôtres puis après, ou bien des évangélistes en leur lieu, comme nous voyons qu'il a été fait de notre temps. […] Néanmoins, je dis que c'est un office extraordinaire, pour ce qu'il n'a point de lieu où les Églises sont dûment ordonnées. S'ensuivent les docteurs et les pasteurs, desquels l'Église ne peut jamais se passer[42].

Docteurs et pasteurs occupent le devant de la scène, là où l'Église est *dûment ordonnée*. L'évangéliste reste dans l'ombre et

---

[41] David Bosch, *Transforming mission*. Maryknoll : Orbis Books, 2008, p. 246.

[42] Jean Calvin, *Institution de la religion chrétienne*, IV.3.4.

cherche à exister *ordinairement*, mais différemment. Non plus sous la tutelle de l'Église locale, mais au sein de sociétés missionnaires qui, dès le XIXe siècle, ouvrent le champ de la mission moderne. L'apogée se situe au XXe siècle, où plus d'œuvres d'évangélisation naîtront au cours des cinquante dernières années, que depuis le début du christianisme (comme Campus pour Christ, la Billy Graham Association, Opération Mobilisation, etc.).

Pour survivre, l'évangéliste a dû se « réfugier » dans des œuvres para-ecclésiales, sorte de réplique des ministères charismatiques itinérants au Ier siècle. Chacun de son côté, mais plus de synergie créative. La juxtaposition des Églises locales et des œuvres d'Église ressemble plus à une fracture structurelle qu'à une symbiose des ministères. Patrick Johnstone, fondateur d'Opération monde, déplore cet état de fait :

> Je précise ici ce que je pense être l'une des raisons fondamentales de l'échec de l'Église à mettre en pratique le dernier commandement de notre Seigneur Jésus-Christ. La raison est structurelle. Au travers de l'histoire de l'Église, c'est le manque d'adéquation structurelle ou la distorsion de structures existantes qui ont paralysé notre mise en œuvre de ce commandement fondamental[43].

Alors, faut-il abandonner tout effort de restructuration ? Loin de là. Il peut y avoir une solution !

Un peu d'ordre s'il vous plaît !

Maintenant que nous comprenons les raisons historiques qui ont mené l'évangéliste à disparaître progressivement des structures d'Églises locales, il reste à réinventer un modèle d'Église où celui-ci peut exercer son ministère en toute légitimité ! Un peu de patience, il nous faut d'abord établir une dernière clarification quant à la place des ministères dans l'Église, avant de nouer la gerbe. Et répondre à la question qui vous hante : « Où placer l'évangéliste dans l'organigramme de l'Église ? » Bienvenue au club !

---

[43] Patrick JOHNSTONE, *The church is bigger than you think : Structures and strategies for the church in the 21st century*. Fearn (Écosse) : Christian Focus Publications, 1998, p. 149 (trad. libre).

Plaidoyer pour une clarification des ministères dans l'Église

Afin de se sortir de cette impasse historique, il faut impérativement repenser l'articulation entre les charges et les fonctions (ou ministères) accordées par Christ à l'Église universelle.

Harold Hoehner nous aide à clarifier la différence entre les deux :

> Ceux qui exercent une charge sont ou bien désignés (Actes 14 : 23 ; Tite 1 : 5) ou élus à partir de certaines qualifications (Actes 1 : 26 ; 6 : 3 ; 1 Tim. 3 : 1-13). Les dons spirituels sont accordés directement par Dieu dans sa souveraineté (Éph. 4 : 11 ; Rom. 12 : 6 ; 1 Cor. 12 : 11, 18, 28). Dans cette liste de dons, il n'est jamais fait mention de qualifications propres. Ceux qui reçoivent ces dons spirituels ne les reçoivent pas à cause de certaines qualifications observables, mais à cause de l'acte de grâce souverain de Dieu[44].

Première indication : alors que tous peuvent aspirer à une charge d'ancien ou de diacre (processus démocratique dans l'Église locale), seuls certains ont été donnés comme évangélistes, apôtres, prophètes, pasteurs enseignants (processus électif de Dieu pour l'Église universelle).

Deuxième indication : si la charge d'anciens incombe aux hommes seuls, aucune restriction n'est mentionnée quant à ceux et celles qui reçoivent des dons spirituels (cf. Éph. 4 : 11 ; Rom. 12 : 6 ; 1 Cor. 12 : 11, 18, 28). Comme le rappelle Hoehner, « ceux qui reçoivent ces dons spirituels ne les reçoivent pas à cause de certaines qualifications observables, mais à cause de l'acte de grâce souverain de Dieu ».

Les femmes peuvent-elles être évangélistes, ou docteurs en théologie ? Je le pense. L'Église n'a-t-elle pas validé les ministères d'une Jeanne Saillens ou d'une Lydia Jaeger ? La question du pastorat féminin est plus complexe. En premier lieu parce que dissocier le ministère de pasteur de celui d'enseignant (ou docteur) en Éphésiens 4 : 11 est un choix exégétique. Si disjonction il y a, force est de constater que dans certaines traditions d'Église, la charge d'ancien et la fonction de pasteur est identique. En sus

---

[44] Harold HOEHNER, « Can a woman be a pastor-teacher? », *Journal of the evangelical theological society*, décembre 2007, 50/4, p. 761-71, citation p. 764 (trad. libre).

des qualifications scripturaires d'anciennat, l'Église recherche le don spirituel qui qualifie la personne au poste de responsabilité pastoral. Par conséquent, la restriction du pastorat aux hommes seuls peut se comprendre. Mais faut-il imposer la même construction exégétique pour l'évangéliste ? Invoquer que l'évangéliste doit recouvrir toutes les qualifications d'ancien et, par conséquence, disqualifier les femmes de ce ministère me semble à la fois hasardeux et déplacé. Qui plus est, la question de la reconnaissance des femmes au ministère ne se pose pas de la même manière d'une culture à une autre. Au Burkina Faso par exemple, les femmes exercent leur ministère d'évangéliste dans les Assemblées de Dieu avec la pleine reconnaissance des Églises locales, alors qu'en France, le ministère d'évangéliste n'est pas reconnu dans cette tradition-là !

Le missiologue Ronald Flung poursuit l'analyse :

> La charge est ici pensée comme une position reconnue et formelle dans l'Église, avec un cahier des charges bien établi. Les fonctions sont des reconnaissances ministérielles qui ne font pas l'objet d'une position formelle dans l'Église[45].

Troisième indication : l'évangéliste n'est pas sur l'organigramme de l'Église locale au même titre que l'ancien et le diacre. L'évangéliste est reconnu pour son ministère (cf. chap. 2 pour les qualifications). Les anciens et les diacres sont élus pour leurs qualités avec un cahier des charges local bien précis. L'organigramme de l'Église doit donc bien différencier ces deux types de ministères[46].

Dernière indication : si la charge d'ancien est en continuité avec l'Ancien Testament (il y a toujours eu des « anciens » dans la tradition communautaire juive), les fonctions n'apparaissent que dans le Nouveau Testament après la Pentecôte.

Pour résumer, je vous propose le tableau suivant :

---

[45] Ronald FLUNG, « Function or office? A survey of the New Testament evidence », *Evangelical review of theology*, avril 1984, n° 8, p. 16-39, citation p. 16 (trad. libre).

[46] Attention ! Différenciation ne veut pas forcément dire cristallisation des charges et ministères. En effet, une personne peut très bien débuter par une charge de diacre, avant d'évoluer dans une autre fonction. Préservons une certaine fluidité dans la mise en place de cette différenciation.

		Charges	Fonctions
Économie		Ancien Testament (Institutionnel – Culturel)	Nouveau Testament (Esprit – Pentecôte)
Gouvernance			
	De qui s'agit-il ?	Anciens Diacres	Apôtre Prophète Évangéliste Pasteur enseignant
	Qui peut aspirer ?	Tous (1 Tim. 3, Tite 1)	Donnés par Christ (Éph. 4)
	Comment qualifier ?	Caractère	Appel, confirmation, compétence
	Rôle de l'Esprit saint	Les dons spirituels pour l'exercice de la charge ou de la fonction (ex. : sagesse, direction, connaissance, etc.)	
Rayonnement ministériel		Charge pastorale locale	Développement de l'Église (de l'implantation à l'édification)

Vite ! Des pistes d'application !

Nous sommes au XXIe siècle. Notre souci est de repositionner le ministère de l'évangéliste dans l'Église en respectant la logique scripturaire, tout en comprenant le rôle que l'Histoire a joué. Même si, ces dernières années, le ministère d'évangéliste a surtout évolué au sein des œuvres d'évangélisation, ceci n'est pas une raison pour que les Églises locales ne s'approprient pas elles aussi ce ministère !

Alexandre Tirman propose quatre types de positionnement structurel de l'évangéliste dans l'Église locale :

1. L'évangéliste local

Définition : c'est un évangéliste qui œuvre au sein de son assemblée.

Cahier des charges : il est membre de son Église, reconnu évangéliste et en charge de l'évangélisation locale. Il peut organiser l'évangélisation de l'Église autour d'un « pôle évangélistes » qui regroupe les évangélistes locaux de l'Église (cf. interview de Florent Varak à la fin de ce chapitre pour plus de détails sur cette stratégie locale).

Financement : il est souhaitable que ses frais (déplacement, administratifs) soient remboursés par l'Église quand celui-ci œuvre pour l'évangélisation locale.

Le plus	Le moins
Par son travail séculier, son impact local est garanti.	Il est moins disponible qu'un évangéliste à plein temps. Il faut compter sept à dix évangélistes bénévoles pour remplacer le plein-temps ! Il peut dégager trois à cinq heures d'implication par semaine en dehors des réunions d'Églises. Il est difficile de proposer à l'Église d'inviter un évangéliste de l'extérieur s'il n'y a pas de budget dédié.

Remarque : dans chaque Église, il y a au moins un frère ou une sœur qui a reçu ce don d'évangéliste. Reconnaissons-le (la) ! Selon Wagner et Schwartz, 10 % des membres de notre Église sont évangélistes. Commençons donc par les reconnaître, les incorporer dans la dynamique de l'Église et à ne plus avoir peur qu'ils divisent l'Église ou pire, en démarrent une nouvelle !

2. L'évangéliste séquentiel

Définition : selon les différentes traditions ecclésiologiques, il peut s'agir d'un missionnaire, d'un implanteur ou d'un apôtre.

Cahier des charges : généralement, un implanteur a comme objectif de créer une Église (de préférence avec une équipe). Bonne chose !

Il est possible que l'Église, une fois implantée, et après quelques années de stagnation, ait besoin d'un nouvel évangéliste pour relancer l'évangélisation. On ne l'appellera plus un implanteur, mais un revivaliste.

Financement : à plein temps ou bi-vocationnel.

Le plus	Le moins
Présent localement, il peut évangéliser au travers de son réseau de contacts. Il forme les membres de l'Église à l'évangélisation. Il est présent aux moments-clés du développement de l'Église. Il bénéficie d'un budget consacré aux besoins du moment de l'Église.	L'évangéliste ne remplace pas un pasteur ! Certains en mal de suivi pastoral déserteront l'Église. Si le ministère du revivaliste n'est pas accepté par l'Église et encouragé par les responsables, la situation devient intenable pour toutes les parties impliquées.

Remarque : pour que l'Église exprime le besoin « d'embaucher » un évangéliste revivaliste plutôt qu'un pasteur à un moment donné de son cycle de vie, cela requiert une analyse courageuse et stratégique, chose assez rare dans nos Églises.

3. L'évangéliste saucisson

Définition : un évangéliste régional.

Cahier des charges : l'évangéliste saucisson est celui qui a pour tâche de développer l'évangélisation dans plusieurs Églises plus ou moins éloignées. Il ne vise pas une évangélisation par amitié partout, mais un encouragement, un développement de l'évangélisation communautaire et événementielle.

Financement : travailler avec plusieurs Églises permet d'alléger les charges portées par une seule et encourage les petites Églises par la présence d'un évangéliste.

Le plus	Le moins
La présence permanente d'un évangéliste dans la région. L'allégement budgétaire pour l'Église locale. Si l'évangéliste est bi-vocationnel, son acculturation locale s'en retrouve facilitée.	L'évangéliste est souvent tiraillé entre les Églises qu'il accompagne. Il ne faut pas superviser plus de trois Églises, sinon, c'est délicat ! Jongler avec les emplois du temps de chaque Église demande discipline et patience !

Remarque : il faut veiller à prioriser les responsabilités de l'évangéliste lors de son embauche et clarifier les attentes des Églises. Sinon l'évangéliste peut se muter en pasteur à temps partiel, alors qu'il n'en a pas les dons.

4. L'évangéliste réseau

Définition : c'est un conseiller en évangélisation. L'évangéliste réseau fait à peu près le même travail qu'un responsable de réseau commercial qui se rend dans chaque magasin de sa chaîne, analyse, conseille le responsable local et fait le lien avec les employés. En une phrase, il essaie d'accroître l'influence de l'évangélisation dans son réseau d'Églises.

L'évangéliste réseau se définit comme :

- un expert en évangélisation et développement ;
- qui entreprend régulièrement des audits ;
- qui conseille les Églises ;
- qui accompagne le ou les responsables d'Église pour développer l'organisation vers une croissance quantitative et naturellement qualitative de l'évangélisation.

Financement : il peut couvrir le poste pour l'ensemble d'un mouvement. Son financement est mutualisé au sein de l'union d'Églises qui l'emploie.

Le plus	**Le moins**
Il aide à faire évoluer le réseau dans la vision d'évangélisation. Par ses visites régulières sur site, il affine son expertise dans l'évangélisation. Il prend note de ce qui marche chez les uns pour le proposer aux autres. Il peut influencer la croissance de plusieurs Églises à la fois. Son budget de fonctionnement est porté par l'ensemble des Églises du réseau.	Il n'est pas présent dans le long terme sur un lieu d'implantation donné. Il peut être difficile pour lui d'évaluer à juste titre les particularismes locaux. Il n'est pas toujours facile d'apporter des conseils à des responsables d'Églises qui sont souvent très attachés à leur « façon de faire ». Il a besoin de beaucoup de douceur et pédagogie pour réussir.

Remarque : il faut réfléchir à développer ce poste de manière plus systématique ! Les responsables d'Églises manquent parfois de recul et d'objectivité quant à l'évangélisation de leur région. L'évangéliste réseau est un spécialiste qui analyse le contexte local, l'histoire de l'Église, ses points forts et faibles et dresse un plan d'action pour dynamiser la croissance de l'Église.

Pour conclure (enfin !)

Si vous avez lu tout ce chapitre jusqu'au bout… félicitations ! Vous pouvez maintenant prendre une aspirine, vous coucher et rêver d'évangéliste séquentiel saucisson. La gerbe est nouée, une issue favorable est possible, suite au divorce structurel entre Église locale et œuvre d'évangélisation. L'évangéliste peut enfin retrouver sa place dans l'organigramme de l'Église locale. En voulez-vous une preuve ?

En 2010, j'ai osé l'impensable. Implanter une Église d'une dénomination (France Mission), avec des évangélistes issus de différentes œuvres d'évangélisation (France Évangélisation, Jeunesse pour Christ, Les Navigateurs). Des œuvres d'évangélisation qui implantent, comme des grands, une Église locale. Le résultat est surprenant. Ça marche ! Lorsque les Églises et les œuvres d'évangélisation coopèrent sur la base d'une même confession de foi, avec des principes de redevabilité sains, le génie apostolique se remet en marche, pour le plus grand bénéfice de tous. Les évangélistes conduisent les gens à Christ et les baptisent, l'Église croît, l'union d'Églises se réjouit. Alan Hirsch le résume fort bien : « Lorsque le ministère d'évangéliste est en symbiose avec les autres ministères, cela aboutit à une propagation de la foi par l'invitation à répondre personnellement à l'appel de Dieu, et une croissance numérique organique du peuple de Dieu[47] ».

Certes, la mise en pratique de ces pistes reste un défi pour l'Église en francophonie. Mais il nous faut continuer le bon combat. C'est possible ! Il en va du salut de nos contemporains !

---

47 Alan HIRSCH, *The forgotten ways*. Grand Rapids (USA) : Brazos Press, 2006, p. 170.

Pour aller plus loin

Interview de **Florent Varak**, *pasteur, auteur, professeur*

Vous êtes pasteur ou évangéliste ? Expliquez !

Parfois je me pose la question ! Je suis intentionnel dans mes relations afin de développer des opportunités de partage. Accompagner une personne à Christ est la plus grande joie de mon ministère.

D'une certaine manière, un évangéliste enseigne, proclame ou dialogue sur le thème de l'Évangile, et c'est donc une forme de spécialisation du « métier » d'enseignant biblique. Tous les pasteurs doivent évangéliser, même si certains n'ont pas cette mission à cœur de la même manière.

Quelle place donnez-vous aux évangélistes dans votre Église locale ?

Jusqu'ici, nous avons eu une attitude de « laisser-faire » et d'encouragement. Les évangélistes sont exhortés à réaliser leur projet et nous tentons de les accompagner.

Adolescente, Mélissa a eu à cœur de développer une évangélisation mensuelle dans les rues de Lyon. Sous son impulsion, plusieurs se sont mobilisés pour monter un camp d'évangélisation d'une semaine qu'ils ont nommé *Light on the street*. L'Église a tenté de les entourer de différentes manières (repas, etc.).

D'autres ont créé des soirées « Tirez sur le pasteur » : invitation de leurs amis à une soirée sympa autour d'un apéro dînatoire, avec un speech de dix minutes et un temps de questions où il est entendu qu'aucun sujet n'est tabou !

Plusieurs se sont mobilisés pour créer un ministère d'évangélisation des prostituées.

Enfin, nous avons créé des outils « découverte » faciles à utiliser. Chaque année, plusieurs groupes Découverte sont organisés pour faire découvrir l'Évangile. Ils se réunissent dans un bar, à domicile – plus rarement à l'Église.

Ce qui a été déterminant, c'est que les anciens ont accepté de vivre avec une culture du risque. Le risque de l'échec, ou de l'engagement de personnes qui n'étaient pas tout à fait prêtes pour mener de telles activités.

Depuis un an, nous tentons de fédérer les évangélistes autour d'un pôle afin de les encourager à vivre ce ministère. Mais je remarque que l'on glisse très vite de l'évangélisation à la création d'activités d'évangélisation… si le second fait partie du premier, il est très dommageable de le réduire à une simple commission. Il faut vraiment maintenir la vision d'un homme ou d'une femme en contact avec le monde, et saisissant de façon créative et conduite par l'Esprit les opportunités de proclamer Christ.

Comment les formez-vous ?

Nous avons utilisé divers formats, et outils (les cours Itéa notamment). Mais j'ai remarqué que l'autorité et l'impact d'un évangéliste ne passaient pas toujours par une formation, tant la vie, l'authenticité et la foi sont particulièrement porteurs. En sorte que j'ose croire que la plus importante des formations a lieu par la simplicité de l'Église : le culte – avec une forme lisible par les non-chrétiens et une prédication qui couvre toute la pensée de Dieu (notamment centrée sur l'Évangile) – est une préparation adéquate.

Nous avons également monté une école biblique d'été qui vise à donner quelques bases aux évangélistes (détails sur www.eblyon.fr). Un cours d'évangélisation, d'apologétique, et d'animation de groupe Découverte, permet de se lancer plus facilement.

Comment se passe la collaboration avec les autres ministères (pastoral, enseignement) ?

Il y a parfois quelques tensions ! Je crois que le ministère de l'évangéliste est premier. Il passe avant celui du pasteur et de l'enseignant (c'est au moins le cas en Éphésiens 4). Pourtant, je perçois qu'il est souvent déconsidéré. Il n'est pas valorisé à sa juste place. De la même manière, les évangélistes « purs et durs » peuvent devenir cyniques à l'égard des autres dimensions de la vie de l'Église, qu'ils trouvent trop « froides », routinières.

En écrivant ces lignes, je m'aperçois qu'on n'a pas fait grand-chose pour identifier et encourager publiquement les évangélistes. Cela peut expliquer en partie ces petites tensions.

Est-ce que votre Église travaille l'évangélisation en réseau ?

Pas trop. Je remarque, à tort ou à raison, que le relationnel et la confiance sont fondamentaux dans le rapport aux non-croyants. C'est très difficile de susciter le ministère d'un évangéliste sans qu'il y ait un grand travail préalable de construction de confiance pour les chrétiens.

Mais l'Église a participé à des campagnes d'évangélisation avec d'autres Églises de la région lyonnaise (comme celle de Tony Anthony en 2012). Ce qui permet d'encourager une dynamique interne, d'afficher publiquement l'Évangile, et de mutualiser les ressources de diverses Églises.

Comment intégrez-vous les personnes en chemin dans l'Église ?

Chaque dimanche, nous proposons à ceux qui nous rendent visite pour la première fois de se présenter. Nous leur remettons un document de bienvenue qui leur présente l'Église et l'Évangile. S'ils sont venus avec des amis, nous allons encourager ces derniers à les suivre, notamment par un parcours Découverte. Et je m'assure qu'ils savent comment procéder. Après leur conversion, ce sont encore leurs amis qui les prépareront au baptême – et je suis toujours le plus heureux des pasteurs quand c'est celui qui a conduit quelqu'un à Christ qui le baptise ! Enfin, on encourage ce nouveau converti à participer à une Église de maisons, et à diverses formes de service dans l'Église.

Que conseillez-vous à un pasteur qui veut redémarrer l'évangélisation dans une Église refroidie ?

Il doit commencer par lui-même. On n'enflamme personne si on n'est pas brûlant. Je lui proposerais de passer du temps chaque semaine dans les cafés, dans les bus, les places de sa ville, et de prier. Prier pour du courage, prier pour des idées, prier pour une compassion renouvelée.

Je lui proposerais de suivre lui-même le format que nous proposons :

1. *Qui ? Intercéder de façon précise et régulière.*
   Hebdomadaire en famille – Quotidienne à heure fixe – etc.
2. *Comment ? Développer des relations authentiques.*
   Aide – Hospitalité – Activités – Apéros – etc.
3. *Avec quoi ? S'identifier en tant que chrétien.*
   Parler de la Bible – Prier avant de manger – Inviter à l'église – etc.
4. *Quels outils ? Expliquer l'Évangile.*
   Jean 3:16 – Rom. 3:23-25 – Éph. 2:1-10 – Luc 15 – Parcours Découverte – etc.

S'il commence à se passionner par le témoignage, il en parlera, et ceux qui le côtoient s'inspireront de sa fougue pour l'imiter. C'est ça, le discipulat, non ?!

CHAPITRE 7

Je fais quoi de mon évangéliste ?

La formation au ministère

Bonjour,
Nous avons dans notre Église une personne qui a le don d'évangéliste. Comment devons-nous la former ? À qui s'adresser ? Merci pour votre aide.
Pasteur Machin.

Je reçois régulièrement des messages de responsables d'Églises locales qui ne savent plus trop quoi faire de leurs évangélistes locaux. Comment les reconnaître ? Quelle formation doivent-ils suivre ? Comment développer leur ministère ? Autant de questions auxquelles ce chapitre tentera de répondre !

De reconnaissance à formation... Attention déficit !

La reconnaissance du ministère d'évangéliste dans l'Église locale (cf. chap. 6) est la première étape de la formation au ministère. Pas de reconnaissance locale, pas de développement possible de son ministère au niveau local. C'est à la mesure de la reconnaissance du ministère dans l'Église que celle-ci sera prête non seulement à investir dans la formation de son évangéliste, mais aussi à lui laisser toute la place nécessaire pour qu'il exerce son ministère.

Les recherches sur notre programme de formation R2E[48] à France Évangélisation ont démontré que la majorité des pos-

[48] Le Réseau des évangélistes émergents (R2E) est un réseau de jeunes leaders

tulants qui n'avaient pas de formation théologique au préalable souhaitaient entrer dans le R2E pour compenser un manque de reconnaissance au sein de leur Église. La logique était : « Si je peux suivre cette formation, alors peut-être que mon Église saura reconnaître mon ministère *a posteriori* ».

On ne peut pas faire les choses plus à l'envers que cela.

À l'inverse, ceux qui sont entrés dans le programme R2E en parallèle de leur formation théologique exprimaient à l'unanimité que leur Église avait reconnu leur appel *a priori*. Ceci pose la question suivante : pourquoi reconnaître le ministère d'évangéliste de ceux qui s'apprêtent à entrer dans un institut biblique, et hésiter pour les autres ? Une formation théologique serait-elle la clé de la reconnaissance au ministère ? Si oui, alors *quid* de l'appel reçu par l'évangéliste ?

Le missiologue David Bosch est un fervent défenseur d'une approche de formation théologique intimement liée à sa mise en pratique :

> L'herméneutique du langage, volontiers triomphaliste, doit être mise à l'épreuve par une herméneutique des actes, parce que faire est plus important que savoir ou parler. Il n'y a en vérité pas de connaissance véritable en dehors d'un acte qui l'accompagne, participant ainsi dans le processus de transformation de l'histoire du monde. [...] La relation entre théorie et *praxis* n'est pas celle d'un sujet à un objet, mais celle d'une intersubjectivité[49].

Autrement dit, la formation théologique ne précède pas la reconnaissance au ministère ni sa mise en œuvre au sein de l'Église. Elle l'accompagne. Ainsi, pour que la formation théologique prenne tout son sens, elle doit s'incarner dans la réalité d'un appel discerné et reconnu par l'Église locale par des fruits concrets. Voilà les données qui permettront à la formation de prendre tout son sens.

---

remarqués pour leur passion et dévouement à l'évangélisation du monde. Au travers du programme, ils ont été *confirmés* dans leur appel d'évangéliste, *accompagnés* dans leur parcours académique, *encouragés* dans leur croissance spirituelle et le développement de leur caractère, et *associés* à d'autres leaders émergents pour former une famille soudée dans la prière.

[49] David Bosch, *Transforming mission*, op. cit., p. 425.

Les six éléments de formation

Un survol de la littérature dans le domaine de la formation au ministère d'évangéliste (cf. bibliographie) fait apparaître six éléments qui doivent être pris en compte dans un cursus :

1. Démontrer l'enseignement par l'exemple

C'est le modèle de Jésus, le grand évangéliste.

Pendant les trois années de son ministère, Jésus a démontré par son exemple ce que voulait dire cultiver les relations interpersonnelles, semer la Parole dans les cœurs, et prier pour une moisson abondante.

L'art de cultiver

Jésus cherchait par tous les moyens à être en contact avec les non-croyants. Il développait avec eux des relations de grande qualité. Jésus ne les voyait pas comme des projets d'évangélisation, mais comme des brebis égarées à la recherche du bon berger. Il les aidait à découvrir leur valeur personnelle. Il les acceptait pour ce qu'ils étaient, et non pour ce qu'ils pouvaient lui apporter.

Fréquenter les non-chrétiens peut être dangereux pour sa réputation. Jésus, lui, était prêt à être mal compris par les siens, ainsi que par les autorités religieuses de son temps. Nous nous rappelons l'histoire de Simon le pharisien qui pensait tout fort : « Si cet homme était prophète, il saurait qui et de quelle espèce est la femme qui le touche, il saurait que c'est une pécheresse » (Luc 7 : 39). Il est troublant de voir que les pourfendeurs de l'évangélisation sont souvent ceux qui ont une autorité dans l'Église de Jésus-Christ ! Sommes-nous prêts à ce que nos Églises soient remplies de gens de mauvaise vie ? Facile à dire, plus difficile à faire.

L'art de semer

Jésus saisissait toutes les occasions qui se présentaient à lui pour semer la Parole. En marchant sur le chemin d'Emmaüs. En enseignant au temple de Jérusalem, matin, midi ou soir, aux foules qui l'entourait. À une femme esseulée au bord d'un puits. Jésus savait poser des questions, de bonnes questions. Le bon propos, au bon moment. « Et tous lui rendaient témoignage ; ils étaient étonnés *des paroles de grâce* qui sortaient de sa bouche, et ils disaient : N'est-ce pas le fils de Joseph ? » (Luc 4 : 22). Jésus savait écouter et discerner les besoins des personnes. « Jésus, l'ayant vu couché, et sachant qu'il était malade depuis longtemps, lui dit : Veux-tu être guéri ? » (Jean 5 : 6). Il parlait de sujets spirituels très vite dans la conversation. Même si ses interlocuteurs semblaient ne pas comprendre tout de suite. Combien de temps attendons-nous avant d'engager nos conversations sur des sujets spirituels ? Bien souvent, lorsque nous nous décidons, l'occasion est déjà passée !

L'art de moissonner

Jésus avait la passion de voir les âmes sauvées : « Jérusalem, Jérusalem, qui tues les prophètes et qui lapides ceux qui te sont envoyés, combien de fois ai-je voulu rassembler tes enfants, comme une poule rassemble ses poussins sous ses ailes, et vous ne l'avez pas voulu ! » (Matt. 23 : 37). Jésus utilisait pleinement les réseaux de contacts qui étaient à sa disposition, familial (Marthe, Marie et Lazare à Béthanie) et social (par son statut de rabbin). Au-delà de l'amitié fraternelle, il savait que les gens étaient prêts à faire le pas. Là où les disciples voyaient une cruche laissée sur la margelle d'un puits, Jésus voyait des champs blancs pour la moisson. « Voici, je vous le dis, levez les yeux, et regardez les champs qui déjà blanchissent pour la moisson » (Jean 4 : 35). Et moi, qu'est-ce que je vois lorsque je lève les yeux ?

Si nous voulons former des évangélistes comme Jésus, alors le premier élément de notre formation doit être notre propre exemple. C'est radical, mais tellement salutaire !

2. Investir d'autorité

Si nous voulons que nos évangélistes apprentis bouleversent eux aussi le monde, il faut non seulement leur donner toutes les ressources dont nous disposons, mais aussi l'autorité qui doit accompagner leur ministère.

En anglais, il y a un verbe qui ne trouve pas d'équivalent en français. C'est le verbe *to empower*. Quand on *empower* quelqu'un, on met en lui tout notre *power*. Autrement dit, on lui donne non seulement les ressources qu'il faut pour exercer le ministère, mais on y met aussi l'autorité et la légitimité. Si la notion d'investiture reprend l'idée d'autorité, il lui manque bien l'aspect « ressource ».

Cette carence du champ sémantique est le reflet d'une posture autocratique du leadership français. Sébastien Fath identifie les racines du leadership *à la française* dans trois héritages :

- L'héritage général d'une société d'ordre : la logique de l'honneur ;
- L'héritage catholique d'une autorité verticale : la logique cléricale ;
- L'héritage d'un protestantisme minoritaire : la logique élitiste.

Ces trois logiques se retrouvent dans nos Églises évangéliques, et peuvent se résumer en trois slogans :

- « Chacun à sa place » : une répartition des rôles bien définie ;
- « Je décide, il exécute » : un déficit de transfert des compétences ;
- « Ça passe ou ça casse » : une grande obstination propice aux ruptures.

L'histoire explique pourquoi non seulement le leader français ne possède pas de mot pour *empower* mais en ignore aussi toute sa dimension dans la pratique.

Il en était de même pour les disciples de Jésus. En effet, les Hébreux comprenaient fort bien l'idée d'apprentissage. Souvent, l'apprenti quittait sa famille proche pour apprendre son métier auprès d'un autre parent. Ce fut le cas de Lot avec Abraham. L'apprentissage est une méthode de formation qui remonte très loin dans le temps. Mais à la condition que le maître reste maître, et l'apprenti apprenti. Autrement dit, il y avait toujours une distance entre les deux parties, pour assurer que l'apprenti ne dépasse pas le maître. Ce dernier gardait comme un trésor précieux l'essence de son savoir-faire qui lui conférait son prestige, et se gardait bien de transmettre quoi que ce soit.

Quelle ne fut pas la surprise des disciples lorsque Jésus, leur rabbi, leur maître, leur dit : « En vérité, en vérité, je vous le dis, celui qui croit en moi fera aussi les œuvres que je fais, et il en fera *de plus grandes*, parce que je m'en vais au Père » (Jean 14 :12) ! De plus grandes œuvres ! Lorsque Jésus a envoyé ses disciples dans le monde, il les a revêtus de la puissance de l'Esprit saint, et leur a donné l'autorité *en son nom*. Tout un programme ! Les disciples ont été *empowered* ! C'était la condition *sine qua non* pour que leur ministère transforme le monde antique, de sorte que les juifs jaloux constataient : « Ces gens, qui ont bouleversé le monde, sont aussi venus ici. [...] Ils agissent tous contre les édits de César, disant qu'il y a un autre roi, Jésus » (Actes 17 :6).

Si Jésus a accepté que ses disciples fassent de plus grandes choses que lui, alors n'ayons pas peur de donner les ressources à nos disciples évangélistes pour qu'ils nous surpassent. Une fois pour toutes.

3. Enseigner la doctrine

L'évangéliste doit pouvoir communiquer le message de l'Évangile avec fidélité à partir des Écritures. Bien souvent, les évangélistes souffrent d'une mauvaise image lorsqu'ils s'aventurent sur le terrain théologique. On regrette qu'ils n'aient pas fait l'institut biblique comme tout le monde ou qu'ils traitent le texte avec tellement de légèreté, qu'ils arrivent même à en déformer le contenu.

Nous devons prendre ces critiques très au sérieux, au risque de continuer à discréditer ce beau ministère d'évangéliste.

L'évangéliste ne doit pas avoir peur de la doctrine biblique. Bien au contraire. La théologie, ou *theo-logos*, c'est la langue de Dieu. Il nous faut parler la même langue que Dieu. Ni plus ni moins. Pour bien communiquer l'Évangile à partir des Écritures, l'évangéliste doit d'abord apprendre à travailler le sens du texte. C'est ce qu'on appelle l'herméneutique (la science d'interprétation du texte). Rien de très compliqué, juste une bonne dose d'exercice pour acquérir une méthodologie claire et efficace qui aidera l'étudiant de la Parole à étudier le texte dans son contexte pour que le texte ne serve de prétexte à ce qu'il brûle de communiquer.

Pour communiquer l'Évangile, l'évangéliste doit aussi asseoir sa théologie biblique. Autrement dit, savoir positionner un texte dans le livre, le livre dans le corpus de l'auteur, le corpus de l'auteur dans les Écritures. Ésaïe développe sa théologie, Jean aussi, Paul surtout. Attention à la tentation de sauter d'un passage à l'autre au travers d'une concordance pour ériger une théologie systématique hasardeuse ! L'évangéliste coupable peut confesser à cet égard son péché.

Herméneutique, théologique biblique. Puis dogmatique. Autrement dit, comprendre les grands sujets théologiques des Écritures, comme la sotériologie (théologie du salut) ou la christologie (théologie du Christ). Ces deux dernières doivent impérativement faire partie de la boîte à outils doctrinale de l'évangéliste. Grâce à la maîtrise de ces sujets, l'évangéliste saura communiquer l'Évangile, tout l'Évangile.

4. Enseigner l'éthique

L'évangéliste proclame un message révolutionnaire, prophétique, radical (cf. chap. 5). Ce message est puissant et profond. Mais combien de fois l'évangéliste a-t-il disqualifié le message en se disqualifiant lui-même à cause de questions éthiques ! Comme le rappelait Ulrich Parzany (cf. chap. 3) : « Un évangéliste sans caractère est un criminel ! »

Deux sujets doivent être particulièrement abordés lors de la formation : l'intégrité financière et l'intégrité sexuelle.

L'intégrité financière

L'évangéliste est souvent porteur de projets d'évangélisation. Chacun nécessitant un financement propre. Tôt ou tard, l'évangéliste devra s'impliquer avec l'argent. Ce n'est pas un problème en soi. Jésus finançait son ministère d'évangéliste itinérant par des libéralités. Une bourse commune servait à défrayer son ministère. Mais l'épisode de la femme qui déversa un parfum de grand prix, ce qui suscita l'indignation des disciples (Matt. 26 : 6-13) montre que Satan, l'ennemi, peut utiliser les cordons de la bourse pour nous faire trébucher dans notre évangélisation. Werner Burklin insiste sur le fait que l'intégrité financière personnelle précède l'intégrité financière du ministère. Elle en est même la condition première. Autrement dit, si l'évangéliste manque de rigueur dans la gestion de ses propres deniers, comment se montrera-t-il rigoureux dans la gestion des deniers qui ne sont pas les siens ? Dans ma formation d'évangéliste, j'ai eu des cours de comptabilité. Deux colonnes, recette, dépense. Une soustraction à la fin pour le résultat. L'évangéliste n'est pas forcément appelé à devenir comptable, mais il doit maîtriser les éléments de la comptabilité, quitte à confier les opérations à une personne plus qualifiée. À France Évangélisation, nous avons le privilège d'avoir une comptable permanente qui nous éduque à toujours mieux remplir nos notes de frais. Merci Nathalie ! Cette rigueur s'acquiert d'abord dans la tenue de ses propres comptes.

Il est également souhaitable que, pour un projet d'évangélisation d'un montant supérieur à 10 000 euros, un auditeur externe puisse certifier les comptes. Cela coûte, mais c'est aussi la garantie que le chef de projet se montre irréprochable dans sa gestion financière. Il est donc préférable d'inclure les frais d'audit dans le calcul des frais de projets, de façon à provisionner l'argent pour la fin de l'exercice comptable.

L'intégrité sexuelle

En France, on n'aime pas trop parler de ce sujet-là : « Cela relève de la sphère privée » nous dit-on. Sauf que dans les Écritures, la sphère privée révèle plus sur la vraie nature de la personne que la sphère publique, « car c'est du cœur que viennent les mauvaises pensées, les meurtres, les adultères [*moicheiai*], les débauches [*porneiai*], les vols, les faux témoignages, les calomnies. Voilà les choses qui souillent l'homme » (Matt. 15 : 19-20).

Est adultère (*moicheia*) celui qui consomme une relation sexuelle en dehors du mariage auquel il est légalement soumis ou celui qui séduit une personne mariée. Dans les deux cas, les Écritures sont formelles : STOP ! Jésus va plus loin : « Quiconque regarde une femme pour la convoiter a déjà commis un adultère avec elle dans son cœur » (Matt. 5 : 28). La barre est haute ! La pensée de l'adultère précède l'adultère. Il est impératif que vous sachiez amener toute pensée d'adultère « captive à l'obéissance de Christ » (2 Cor. 10 : 5). Note pour les évangélistes mariés : la santé sexuelle de votre couple est un élément déterminant de votre ministère. Refuser de faire face à cette réalité, c'est prendre un risque démesuré que l'ennemi saura exploiter.

L'impudicité (*porneia*) est mentionnée vingt-quatre fois dans le Nouveau Testament. Autant dire que c'est un sujet majeur. La racine du mot traduit l'idée de se prostituer. L'usage dans l'Antiquité dépasse celui de la prostitution, et comprend dans les Écritures toute forme de sexualité déréglée. La *porno*graphie tombe dans cette catégorie-là, par exemple. Inutile de revenir sur l'explosion de ce phénomène de société depuis l'avènement d'internet. Force est de constater que c'est le danger numéro un qui guette l'évangéliste, homme ou femme. L'évangéliste prudent cherchera à être redevable à quelqu'un de confiance sur ce point. Il fera sienne la prière du psalmiste :

> Je marcherai dans l'intégrité de mon cœur, au milieu de ma maison. *Je ne mettrai rien de mauvais devant mes yeux* ; je hais la conduite des pécheurs ; elle ne s'attachera point à moi. Le cœur pervers s'éloignera de moi. – Psaumes 101 : 2-4

5. Enseigner le « leadership biblique »

L'évangéliste est souvent propulsé sur le devant de la scène, au sens propre ou figuré. C'est lui qui porte la vision d'évangélisation, qui mobilise les saints pour accroître le rayonnement du témoignage de l'Église. L'évangéliste est un passionné. Lorsqu'on l'entend raconter ses expériences de conversions, on se dit : « Ça a l'air tellement facile ! Pourquoi je ne vis pas ce qu'il dit ? »

Il est donc primordial que l'évangéliste exerce son ministère avec la plus grande humilité, en veillant à ce que le Christ soit toujours le premier à recevoir toute la gloire. Pour cela, il faut revenir à une définition claire du leadership biblique.

Leighton Ford a consacré la majeure partie de sa vie à la formation de jeunes évangélistes.

Dans son livre *Transforming leadership*, il insiste particulièrement sur l'aspect transformationnel du leadership dans la vie de l'évangéliste. Tout leadership biblique, dit-il, doit prendre sa source dans une relation intime au Père. L'évangéliste se souvient que son Père céleste est saint, qu'il règne sur toute chose, qu'il donne ce dont nous avons besoin, qu'il pardonne nos fautes et nous délivre du Malin (Matt. 6:9-13). Le leadership biblique découle de la relation au Père, s'ancre dans l'identité au Fils, et marche dans la puissance de l'Esprit. De là s'opère naturellement le processus de transformation du leadership : « Du fond du cœur vers l'extérieur » (comme nous le rappellent souvent nos jeunes leaders).

Ainsi défini, le leadership biblique ne cantonne pas le leader dans un rôle statique qui définirait son identité et son ministère. Bien au contraire, puisque son identité est fondée sur la personne de Dieu. Le leader doit plutôt exercer son leadership comme une fonction interchangeable. Dans une situation donnée, il fonctionne comme leader. Dans une autre, il fonctionne comme suiveur. Et cela n'affecte en rien son identité. Par exemple, je travaille beaucoup avec Alain Stamp. Notre leadership est fonctionnel. Parfois, c'est lui qui est devant et je le suis (dans le cadre de mes fonctions de secrétaire général à France Évangélisation). Parfois, c'est moi qui suis devant et lui qui suit (dans le cadre de mes fonctions de président du Forum des évangélistes). De leader à suiveur, de suiveur à leader.

Nous n'aurons la liberté d'interchanger notre leadership que si nous sommes convaincus que notre identité de leader n'est pas définie par notre poste de responsabilité. C'est à ce prix que nous pourrons investir dans des jeunes évangélistes qui exerceront leur leadership comme Jésus, pour Jésus, afin d'en emmener toujours plus à Jésus !

6. Pousser à la reproduction

Dernier élément de la formation de l'évangéliste, la reproduction. Nous l'avons déjà évoqué rapidement au chapitre 4. La reproduction d'évangélistes est la condition *sine qua non* d'une évangélisation plus visible et conquérante.

Christian Schwarz, chercheur en missiologie et auteur de *Natural Church development*, insiste sur le fait que la croissance dans une structure s'opère au travers de six facteurs dits « organiques », dont celui de la reproduction :

> Le principe de multiplication s'applique à tous les domaines de la vie de l'Église. Tout comme le fruit d'un pommier n'est pas une pomme, mais un autre pommier ; le vrai fruit d'un groupe

de maisons n'est pas un nouveau converti, mais un autre groupe de maisons ; le fruit d'une Église n'est pas une autre cellule de maisons, mais une nouvelle Église ; le fruit d'un leader n'est pas un suiveur, mais un nouveau leader ; le vrai fruit d'un évangéliste n'est pas un converti, mais de nouveaux évangélistes[50].

Leighton Ford décrit deux types de leaders : le leader banian et le leader peuplier.

- Le figuier banian est majestueux. Si majestueux, que son feuillage ne laisse passer aucun rayon de soleil, de sorte que rien ne pousse sous un banian. Le leader banian, c'est celui qui occupe toute la place sur l'estrade. Il n'y en a que pour lui ;
- Le peuplier tremble (ou tremble), lui, développe ses racines sous terre, invisibles. Le plus grand de ces peupliers se trouve au Colorado, et compte plus de 44 000 drageons (ou rejetons). Ces trembles sont moins majestueux que les banians, certes, mais que de racines en puissance ! Le leader peuplier, c'est celui qui travaille discrètement à la reproduction de son espèce !

Lorsqu'une Église me demande comment insuffler un nouveau souffle dans l'évangélisation, je réponds toujours : « Soyez des leaders peuplier ! Trouvez les évangélistes parmi vous, reconnaissez-les et investissez en eux afin qu'ils se reproduisent ! Plus vous aurez d'évangélistes, plus vous aurez de programmes d'évangélisation ! » Attention, ça marche à chaque fois !

[50] Christian SCHWARZ, *Natural Church development*, op. cit., p. 68 (trad. libre).

Pour conclure

Les six éléments de formation (démontrer par l'exemple, investir d'autorité, enseigner la doctrine, enseigner l'éthique, enseigner le leadership biblique, pousser à la reproduction) ont montré au cours des années leur pertinence. Jésus en a fait le fondement de son cursus. Nous serions bien mal avisés de vouloir procéder autrement ! Nul n'est plus grand que le Maître !

Pour aller plus loin

Interview, par Alain Stamp, de **Raphaël Anzenberger**, *évangéliste et directeur du programme de formation R2E (Réseau des évangélistes émergents)*

Quelle stratégie de formation avez-vous adopté à France Évangélisation ?

Historiquement, France Évangélisation (FE) exigeait que les candidats au ministère d'évangéliste aient au moins trois années de formation dans un institut biblique. Récemment, nous avons changé notre politique de recrutement. Nous plaçons l'appel de Dieu, la confirmation par l'Église locale et l'émergence de compétences propres à la proclamation comme conditions d'intégration. Du coup, nos deux dernières recrues sont entrées à FE sans formation théologique préalable. Nous assurons leur formation par le biais d'un tutorat académique au cours des cinq premières années de ministère. Sachant que les deux premières années dites « probatoires » nous permettent d'évaluer le candidat dans toutes les dimensions éducatives (académique, caractère et compétence). Nous ne diluons pas pour autant les exigences académiques. Le niveau de licence de théologie est visé, voire plus.

La nouveauté dans ce type de formation, c'est l'association du mentorat au tutorat académique pour permettre de couvrir tous les domaines de formation. Le mentorat met l'emphase sur le caractère de l'évangéliste (montrer par l'exemple, investir d'autorité) et le développement des compétences (enseigner le leadership serviteur, pousser à la reproduction). Le tutorat académique, lui, met l'accent sur la maîtrise des outils théologiques pour toujours mieux communiquer le message (enseigner la doctrine, enseigner l'éthique). Ainsi, la triade « caractère, compétence et connaissance » est développée conjointement par le mentorat et le tutorat.

Pour améliorer la qualité de recrutement à FE, nous avons développé en amont un « réseau d'associés[51] », sorte de pépinière d'évangélistes proclamateurs. Nous encourageons fortement les candidats à FE à intégrer ce réseau pendant au moins deux ans, afin de s'imprégner de la culture de notre organisation. Cela nous permet également de mieux les connaître. Un certain nombre d'associés sont issus du programme R2E qui se situe encore plus en amont, comme révélateur de vocation d'évangélistes émergents. R2E, Réseau des associés, évangélistes à FE, c'est là une formule gagnante pour notre œuvre !

La recherche de soutien financier fait-elle partie de la formation ?

Alain Stamp m'a dit un jour, alors que j'avais quitté mon travail chez Michelin pour m'investir à plein temps, et que le soutien tardait à rentrer : « Ne fuis pas l'aspect de soutien financier. Cela fait *aussi* partie du ministère d'évangéliste ! » Du coup, il nous faut aussi sensibiliser nos évangélistes entrant à FE à cette réalité.

Très tôt, nous les incitons à constituer un groupe de donateurs qui puissent porter la vision de leur ministère. Nous n'exigeons pas tout de suite un soutien à 100 %. Il faut au moins deux ans pour élargir son groupe de donateurs et qu'un salaire de plein-temps puisse être dégagé. C'est pour cela que nous encourageons les nouveaux évangélistes à garder (au moins en partie) leur emploi séculier, de façon à alléger la pression financière. Au fur et à mesure que leur soutien augmente, ils peuvent dégager plus de temps pour leur ministère.

[51] Le Réseau des associés de France Évangélisation (Les Associés) est un groupe d'évangélistes, à temps plein ou non, expérimentés ou débutants dans le ministère qui souhaitent vivre ensemble la réalité du ministère d'évangéliste en France et s'encourager.

Nous leur donnons aussi quelques outils pour faire connaître leur ministère : site internet, lettre de nouvelles, carnet de prières. Plus leur ministère est visible, plus ils auront l'opportunité de rayonner et accroître leur cercle de donateurs.

Comment démarrer la formation d'évangélistes dans mon Église locale ?

La première étape : constituer un pôle évangéliste dans l'Église (cf. chap. 6). L'émulation des pairs permet l'apprentissage collectif. C'est la responsabilité de l'Église de reconnaître publiquement ses évangélistes, et de leur donner l'autorité d'exercer leur ministère parmi les saints.

La deuxième étape : mettre ces évangélistes en contact avec des mouvements ou des organisations spécialisées dans le ministère d'évangéliste. Le Conseil national des évangéliques de France recommande aux Églises d'envoyer leurs évangélistes au Forum des évangélistes francophone Europe chaque année. Celui-ci constitue un temps de retraite spirituelle qui nourrit l'âme de l'évangéliste :

- Un temps de formation qui développe les compétences de l'évangéliste ;
- Un temps de mise en réseau qui encourage l'évangéliste à utiliser les ressources d'évangélisation disponibles en francophonie (voir La boîte à outils).

Il est aussi possible de confier son évangéliste local à une œuvre qui pourra investir dans son ministère, sans pour autant le retirer de son champ local. C'est le cas de FE qui, au travers de son Réseau des Associés développe le ministère d'évangélistes proclamateurs locaux.

Comment encourager plus particulièrement les femmes évangélistes ?

Nous touchons à une réalité délicate et tragique dans nos Églises ! Beaucoup de femmes évangélistes ne sont pas reconnues parce que la confusion entre charge et fonction demeure[52] ! C'est

[52] Cf. chapitre 6, « Différentiation ministérielle », deuxième indication.

une injustice profonde et nous déplorons cet état de fait. Où sont les Becky Pippert françaises et les Jeanne Saillens de notre temps ?

Même si nous constatons un déficit de reconnaissance, rien n'est perdu ! Nous avons, à FE, formé une quinzaine de femmes évangélistes durant ces cinq dernières années. Elles ont besoin, plus que les hommes, d'être rassurées sur la légitimité de leur ministère et comprendre comment opérer dans un terrain souvent miné. Aux hommes aussi de leur laisser la place qui leur est due !

Martin Sanders, auteur de *Multiplier les leaders*, a consacré beaucoup de temps et d'énergie à l'accompagnement de femmes évangélistes. Son prochain livre traitera particulièrement du développement de leaders femmes, et sera une ressource particulièrement utile aux Églises.

La boîte à outils de l'évangéliste

Le Forum des évangélistes : une plateforme de réflexion, de formation et d'animation pour les évangélistes de l'espace francophone, en association avec les instituts bibliques de formation, les unions d'Églises, les missions et les œuvres d'évangélisation chrétiennes. URL : <www.forumdesevangelistes.org>.

Le Réseau des évangélistes émergents : la vision de R2E est de former un réseau de jeunes leaders remarqués pour leur passion et dévouement à l'évangélisation du monde, et qui, au travers du programme, auront été confirmés dans leur appel d'évangéliste, accompagnés dans leur parcours académique, encouragés dans leur croissance spirituelle et le développement de leur caractère et associés à d'autres leaders émergents pour former une famille soudée dans la prière. URL : <www.france-evangelisation.com/r2e>.

CONCLUSION DE LA PREMIÈRE PARTIE

« Je voudrais te recommander pour un programme de formation de jeunes évangélistes, Raphaël. Voici le dossier de candidature. Si j'étais toi, je m'y collerais maintenant, c'est à rendre avant le 15 janvier » me dit un jour Bill Jones, mon professeur d'évangélisation. Je respecte beaucoup Bill. C'est un évangéliste hors pair. À chaque cours, il nous raconte comment il a amené encore une personne à Christ. Ses yeux pétillent : « I love my job ! [J'aime mon boulot !] » dit-il chaque fois. Évangéliser et former d'autres à évangéliser, voilà son appel.

Je contemple les nombreuses pages du dossier de candidature. Recommandation de l'Église locale, témoignage personnel, résumé de deux livres, écriture d'un traité, confession de foi, conception du ministère d'évangéliste. Des pages et des pages, à n'en plus finir. Tout ça pour entrer dans un programme dont le nom me laisse perplexe : The Sandy Ford fellowship [Le cercle des amis de Sandy Ford]. J'hésite.

Je passe Noël avec mes beaux-parents à Philadelphie. Entre la dinde et la bûche, je me retrouve à surfer sur internet. Juste par curiosité, je tape : « Sandy Ford ». Je n'en crois pas mes yeux. J'apprends que Sandy n'est rien de moins que le fils du grand Leighton Ford, beau-frère de Billy Graham, évangéliste international et directeur du Congrès de Lausanne de 1974. Je bondis de ma chaise !

J'en découvre un peu plus sur sa vie. Comme le fait qu'il s'est converti jeune, allongé sur la moquette, en écoutant son oncle Billy lancer un appel à la télé nationale. Sandy, ou Leighton Frederick J^r de son vrai nom, excelle comme jeune leader dans son Groupe biblique lycéen (GBL). Il saisit toute occasion, favorable ou non, pour prêcher l'Évangile à ses camarades. Avant d'entrer à l'université en sciences politiques, il demande à son père s'il peut vivre une expérience d'évangélisation à l'étranger. Leighton, qui avait toujours voulu être missionnaire en France, l'envoie deux mois à Paris. Cet été est un tournant pour Sandy. Pour la première fois, il rencontre des personnes qui se disent ouvertement athées. Cette expérience le secoue profondément. Il existe dans le monde des gens qui ne veulent pas de Dieu. Quel drame !

À son retour de Paris, il crible son père de questions existentielles. Pour le soigner, celui-ci l'envoie au C. S. Lewis Institute, à Washington, pour suivre un cours intensif d'apologétique. Sandy en a maintenant la conviction. Après ses études à « sciences po », il entrera à l'institut biblique. Il marchera dans les pas de son père et de son oncle. Sandy veut être un évangéliste pour apporter le message du salut aux nations. En particulier les Français !

Sandy est non seulement un jeune leader remarquable, mais aussi un sportif hors pair. Sandy aime courir. C'est un athlète et un compétiteur. Un jour, alors qu'il court pour le club de son lycée, Sandy s'effondre à terre. Diagnostic : malformation cardiaque qui provoque des palpitations anormalement élevées. Maladie rare. Il subit une première intervention chirurgicale pour rétablir son rythme cardiaque. Plus tard, à l'université, Sandy a un second accident cardiaque. La situation se complique. Il faut d'urgence réparer le cœur de Sandy. « La procédure sera longue et compliquée » ont prévenu les chirurgiens. Leighton mobilise son réseau de prière. Des intercesseurs du monde entier prient pour le cœur de Sandy.

« À tout à l'heure » murmure Leighton à l'oreille de son fils qui franchit les portes du bloc.

C'est la dernière fois que Leighton parla à son fils. Le cœur de Leighton Frederick J^r^, bien que réparé après plus de sept heures d'intervention, ne voulut pas se remettre à battre. Nous sommes en 1981.

« Tes amis me demandent où ils doivent envoyer les fleurs pour leurs condoléances. » Irv était le bras droit de Leighton pendant plus de trente ans. Ensemble, ils avaient sillonné la planète.

Lui à la direction de la chorale, Leighton à la prédication. La *dream team*. Aujourd'hui, Irv enterrait le fils de son meilleur ami.

« Pas de fleurs » répondit Leighton. Dis à mes amis que nous allons commencer une fondation en l'honneur de Sandy, pour honorer sa mémoire, et former d'autres jeunes leaders qui finiront la mission qu'il a toujours voulu commencer : The Sandy Ford fellowship.

Billy et Ruth Graham seront les premiers à contribuer pour ce fonds.

Alors que les larmes coulent sur mes joues, à en inonder le clavier, je prie : « Seigneur, bénis la famille Ford et continue son œuvre pour les nations ! »

Le 15 janvier, mon dossier de candidature est envoyé par la poste, le cachet de la poste faisant foi. C'est le début de mon aventure dans la grande famille des évangélistes.

Le Sandy Ford fellowship (SFF) continue aujourd'hui. Sous d'autres formes, sous d'autres horizons. En France, il s'appelle « R2E ». Des jeunes évangélistes français continuent l'œuvre qu'a démarré Sandy, il y a plus de trente ans à Paris. On retrouve des traces de Sandy au Mexique sous le leadership de Wendy, en Russie avec Leonid. Ou encore en Chine avec Andrew. Lorsque nous nous sommes retrouvés tous les quatre en Malaisie pour le congrès de jeunes leaders du Mouvement de Lausanne en 2006, nous avons été saisis de voir Sandy dans la vie de nombreux leaders du mouvement de Lausanne. Quel héritage pour les nations ! Au travers de ce drame, Leighton et Jean, son épouse, ont suscité des milliers de vocations d'évangélistes, dans le monde entier[53].

Pour que le mouvement continue et que d'autres générations suivent le pas, il suffit de multiplier les Sandy parmi nous. Peut-être en êtes-vous un. Peut-être en connaissez-vous un. Cette première partie vous aura donné les clés pour mieux saisir la théologie et la pratique de ce beau ministère de l'évangéliste.

En piste pour la suite.

---

[53] Si vous voulez en savoir plus sur sa vie et son ministère, je vous invite à télécharger gratuitement son histoire sur son site. URL : <www.leightonfordministries.org> (page consultée le 24 octobre 2012) ; cliquez sur la vignette du livre *The Mentoring Tree*.

SECONDE PARTIE

Des fondements à l'action : l'évangéliste sur le terrain

La seconde partie de ce livre fait intervenir un large panel d'évangélistes reconnus pour leur ministère en francophonie. Marc Van de Wouwer (chap. 8) est évangéliste proclamateur et commissaire de police en Belgique. Il dirige le mouvement Jonas, partenaire du FDE. Il traite régulièrement de la question de l'équilibre entre vocation et occupation professionnelle. Jean-Paul Rempp (chap. 9) est député international pour l'Europe du Mouvement de Lausanne et dirige les travaux du groupe Lausanne France. Son expertise se trouve à la croisée de la missiologie et de la théologie. Daniel Coronès (chap. 10) est un de mes collègues à France Évangélisation. Une bête sociale qui sait comment s'adapter à son public. Alain Stamp, qu'on ne présente plus (chap. 11) ! Jean-Claude Girondin (chap. 12) est évangéliste avec Agape, et sociologue. Une combinaison unique qui lui permet de traiter avec précision des enjeux sociétaux.

Ces cinq évangélistes répondent à cinq enjeux majeurs du ministère d'évangéliste que nous avons identifiés lors du traitement des sondages d'évaluation du Forum des évangélistes au cours des dernières années.

Les sept chapitres suivants sont des portraits d'hommes et de femmes extraordinaires qui développent les dessous de leur ministère d'évangéliste. Dans l'ordre : Olivier Pfingstag (chap. 13) est un jeune proclamateur avec JPC. Il a un fardeau particulier pour le monde musulman. Nous avons implanté ensemble une Église en Touraine. Pierre Lachat (chap. 14) a été mon premier mentor évangéliste ! Je l'ai suivi dans tous ses concerts en Alsace, dans ma jeunesse. Un exemple de fidélité et de longévité dans le ministère d'artiste évangéliste ! Jay Penney (chap. 15) est un ami québecois qui vibre pour l'implantation d'Églises. Il a initié de nombreuses formations d'implanteurs au Québec. Sa passion est contagieuse ! Timothée Pomier (chap. 16) est le fondateur d'ELAM, l'un des ministères de rue les plus créatifs et influent que je connaisse. Il fait aussi partie de notre programme R2E. Didier Chastagnier (chap. 17) est capitaine de l'Armée du Salut. Son programme «Action Quartiers» est reconnu publiquement par les autorités de la ville pour son dynamisme et son impact dans la vie des quartiers difficiles. Aurélien Lang (chap. 18) est un jeune apologète issu également du R2E. Son blog «Raisons de croire» (www.raisonsdecroire.org) est une source de richesse apologétique. Il travaille également sur son premier livre d'évangélisation. Enfin, Rébecca Taylor (chap. 19) est mon équipière à Loches. Évangéliste gagneur d'âme avec les Navigateurs, elle développe les outils à la formation de disciples et coache plusieurs formateurs. Une perle! Enfin Philippe Monnery (chap. 20), dernière recrue à France Évangélisation, ferme la marche. Je vous laisse découvrir leur histoire! Passionnante!

CHAPITRE 8

L'évangéliste est-il meilleur à plein temps ?

Par Marc Van de Wouwer

- **La problématique :** l'image de l'évangéliste est souvent celle du plein-temps. Du coup, ceux qui travaillent aspirent souvent à quitter leur profession pour que leur ministère aboutisse. Est-ce la bonne stratégie ?
- **Pour y répondre : Marc Van de Wouwer**, évangéliste et commissaire de police.

La problématique « plein temps ou pas » est subsidiaire. La première chose est de savoir si j'ai le don d'évangéliste. Si je suis appelé à ce ministère et si ce ministère est confirmé par l'Église. C'est une fois que ces étapes sont franchies positivement que la question doit se poser, et pas avant. Autrement dit, il faut être évangéliste avant de savoir si je dois m'engager à plein temps ou pas. Trop de postulants veulent la réponse à cette question pour décider s'ils vont devenir évangélistes. C'est une variable qui n'intervient pas lorsque Jésus choisit, établit et envoie ses évangélistes (selon Jean 15 :16). On est d'abord évangéliste et on l'est à plein temps, qu'on exerce son ministère avec ou sans travail.

Une fois convaincu de son appel, il reste à chercher ce que Dieu veut pour chacun. Chaque situation a ses avantages et ses inconvénients.

Être évangéliste sans emploi séculier présente l'avantage de disposer de temps pour préparer les messages, se nourrir spirituellement, se ressourcer, équilibrer sa vie entre famille et ministère, répondre à toutes les invitations, même pour de longues périodes ou à l'étranger. Parmi les inconvénients, relevons la déconnection possible de la vie civile, le risque de rester coincé dans sa « bulle évangélique ». Et le souci financier que représente l'absence de salaire garanti avec le danger de devenir l'otage des donateurs ou de privilégier les missions « rentables ». Il faut y ajouter l'attente d'invitations qui ne viennent pas forcément, alors qu'on est disponible.

Être évangéliste, avec un métier, présente l'avantage d'être financièrement indépendant, de rester connecté à la société et à ses problèmes, d'être en contact avec des non-chrétiens, de savoir ce qu'ils pensent et comment ils vivent. Les inconvénients sont de devoir exercer son ministère en plus de son travail, ce qui est parfois épuisant, ainsi que de vivre la frustration constante de ne pas pouvoir se consacrer davantage à sa passion de communiquer l'Évangile.

Faut-il choisir entre les deux options et les hiérarchiser ? Je ne le pense pas.

Je travaille depuis trente-deux ans. J'ai des responsabilités parfois écrasantes. Je suis marié. Nous avons trois enfants et six petits-enfants. Je suis aussi évangéliste itinérant depuis vingt-deux ans et j'exerce mon ministère dans la francophonie, y compris outre-mer. Est-ce facile ? Non. Est-ce possible ? Oui. Comment ? Dieu seul le sait et il bénit. Étonnant, non ? Un travail n'est donc pas un obstacle au ministère d'évangéliste, loin de là !

Toutefois, j'aspire à être entièrement disponible pour l'Évangile, comme mon ami Raphaël et les autres.

Si Dieu vous donne la possibilité d'être évangéliste à plein temps, saisissez-la ! Sinon, ne faites pas de votre travail une excuse pour ne pas devenir évangéliste, mais remerciez Dieu de vous avoir appelé à ce beau ministère et exercez-le !

Questions annexes

À quoi doit-on veiller particulièrement lorsqu'on veut évangéliser dans son milieu professionnel ?

Premièrement, rappelez-vous que l'employeur vous a embauché pour travailler et pas pour évangéliser. Votre premier devoir est d'être compétent, courageux et intègre et de donner satisfaction à votre patron.

Deuxièmement, soyez un collègue apprécié pour ses qualités humaines et professionnelles. Mieux vaut être un liant du groupe qu'un fauteur de troubles. L'avantage du milieu professionnel est qu'on est censé y passer un certain temps. Pas besoin, donc, de se précipiter ! Ce n'est pas comme avec quelqu'un rencontré dans la rue à qui il faut expliquer l'Évangile en 2'57" ! Il est important de créer une relation de confiance. C'est bon pour le travail et c'est bon pour aborder les domaines plus privés que sont les convictions religieuses ou philosophiques. Attention : notre démarche doit être sincère et ne doit pas devenir un calcul pour « vendre notre marchandise » ! L'amour est l'ingrédient indispensable de toute communication de l'Évangile. Il faut gagner le droit de partager l'Évangile et ce n'est pas évident. Cela demande du temps, du tact et beaucoup d'écoute. Ainsi que de la discrétion : ce qu'on nous confie ne doit pas se retrouver sur le réseau d'entreprise (informatique ou verbal !).

Troisièmement, il faut saisir, voire provoquer, les occasions de placer l'une ou l'autre vérité de l'Évangile, sans assommer les gens. Les collègues assommants sont évités comme la peste ! Jésus ne balançait pas tout l'Évangile à la fois, mais il distillait des vérités qui amenaient ses auditeurs à réfléchir et à revenir poser des questions. N'essayez pas de faire mieux que Jésus. Faire comme lui est déjà suffisant !

Enfin, veillez à être un modèle en tout. Faites-leur voir un bout de Jésus. Montrez-leur ce qu'ils pourraient devenir en Christ. Soyez cohérents entre paroles et actes. Ne parlez pas du Dieu qui délivre, avec la cigarette à la bouche !

Comment cumuler un travail séculier et un ministère d'évangéliste tout en gardant l'équilibre avec une vie de famille ?

Vous sentez-vous une âme de funambule ?

Soyez certains que ce schéma de vie est la volonté de Dieu pour votre famille. Chaque conjoint doit en être convaincu et adhérer entièrement (pas seulement du bout des lèvres !).

Ne chargez pas trop la mule! Évitez de cumuler tous les deux un travail et un ministère. Si l'évangéliste exerce un travail séculier, son conjoint pourrait ne pas travailler ou travailler à temps partiel. Dans le même registre, limitez vos ambitions professionnelles à des objectifs qui ne menacent pas votre ministère ou votre santé. Ne dégoûtez pas vos enfants de l'Évangile par des absences et une fatigue continuelles.

Si Dieu doit rester la priorité n° 1, votre conjoint et vos enfants, sont la priorité 1,1! Pour compenser les absences inévitables, consacrez chaque jour du temps à votre conjoint. Écoutez, parlez, dialoguez. Entretenez le feu de l'amour (week-ends en amoureux, attentions permanentes, sexualité épanouie, etc.). Réservez également un rendez-vous quotidien avec vos enfants. Laissez-les vous raconter leur petite vie.

L'équilibre est une question de volonté, pas de possibilité. Abandonnez les logiques d'urgence. Privilégiez ce qui est important, pas ce qui est urgent. Le temps est un bien universel. Vous en possédez autant que les autres. Vous n'avez peut-être pas assez de temps pour ce que vous avez *envie* de faire mais vous avez bien assez de temps pour ce que vous *devez* faire (y compris pour les moments de détente).

Le ressourcement n'est pas une option mais une nécessité. Compensez l'énergie perdue dans les activités domestiques, professionnelles et spirituelles par des moments de ressourcement affectif, psychologique, physique et spirituel. Détendez-vous sans vous sentir coupables. Dieu vous veut reposé!

CHAPITRE 9

L'évangéliste peut-il rassembler les Églises et les chrétiens dans un mouvement national ?

Par Jean-Paul Rempp

- **La problématique :** Ulrich Parzany a dit lors de la Consultation nationale sur l'évangélisation à Lyon en 2005 qu'en Allemagne, les évangélistes avaient réussi à rassembler les Églises allemandes historiquement divisées autour de projets d'évangélisation. Néanmoins, à chaque fois qu'un effort commun d'évangélisation est organisé, se pose la question de qui va récupérer les nouveaux convertis… Comment s'y retrouver dans tout cela ?
- **Pour y répondre : Jean-Paul Rempp**, député international pour l'Europe du Mouvement de Lausanne, et pasteur.

Lorsqu'Ulrich Parzany constate qu'en Allemagne les évangélistes ont réussi à rassembler les Églises allemandes autour de projets d'évangélisation, il souligne l'aspect stratégique de ces ministères au sein de l'Église. Il fait également le constat, tout comme Henri Blocher[54], que l'évangélisation est le domaine d'unité privilégié des évangéliques.

---

[54] C'est ce qu'il se plaira à souligner lors de la première convention nationale du Cnef : « Les trois congrès de Lausanne et la convention du Cnef ont mis l'accent sur l'évangélisation, domaine où les évangéliques se retrouvent le plus facilement ». « L'unité relève de quatre critères, le théologien Henri Blocher donne une définition de l'unité », *Christianisme aujourd'hui*, mars 2012, n° 3, p. 13.

Ceci dit, nous ne pensons pas que les évangélistes puissent à eux seuls rassembler les Églises dans le cadre d'un effort d'évangélisation commun, à plus forte raison s'il est d'envergure nationale. Par définition, de tels efforts doivent être portés par les instances les plus représentatives[55] comme les Alliances évangéliques nationales, en France le Conseil national des évangéliques de France (Cnef), etc. Par contre, les évangélistes ont la responsabilité d'y jouer le rôle de catalyseur et d'impulsion visionnaire qui est le leur.

Ils ont notamment la responsabilité :

- De rappeler aux Églises qu'un tel effort commun ne doit pas être envisagé comme la participation à un simple effort ponctuel, mais doit s'inscrire dans la durée pour aboutir à un « temps fort », la « campagne » elle-même. Celle-ci favorisera la croissance qualitative et quantitative de l'Église dans la mesure où chacun s'y sera investi largement à l'avance. Le rôle-clé de chacun des membres de l'Église locale dans l'évangélisation (au sens large du terme) ne sera jamais assez souligné ;
- D'affirmer la « dimension publique du témoignage ». Les contacts et le témoignage personnels sont essentiels à la propagation de l'Évangile. Pourtant, le risque de marginalisation existe si la dimension publique du témoignage est absente. Il est difficile d'atteindre les médias locaux et nationaux. Si les chrétiens ne créent pas d'événements importants conférant une dimension publique à leurs actions, l'Évangile restera confidentiel. La présence des Églises locales, la présence du corps du Christ ne seront pas visibles pour notre société sécularisée. Reste que notre mission est d'atteindre le plus grand nombre !

L'auteur de ces lignes ayant été coordinateur, codirecteur ou directeur de plusieurs efforts d'évangélisation communs à

[55] Celles-ci peuvent constituer, selon les cas, la commission de référence de l'effort ou être elles-mêmes les organisatrices de l'effort.

l'échelle régionale[56] ou nationale[57], est profondément convaincu de la nécessité de rassembler les Églises, mais sur des bases claires, dans l'esprit de ce que l'Engagement du Cap appelle le principe de « largeur encadrée[58] ». En effet, la meilleure prévention contre d'éventuels problèmes surgissant habituellement dans ce genre d'effort en commun est un accord préalable écrit précisant le type de collaboration et les modalités de collaboration. Notre expérience, c'est que les problèmes apparaissent surtout quand les choses n'ont pas été précisées au départ ! En cas de question ou de litige, l'accord préalable, par exemple, facilite le règlement du problème.

Les deux documents ci-dessous sont le fruit d'une réflexion de plusieurs décennies, lors d'efforts d'évangélisation dans le contexte français. Ces textes que nous avons retravaillés et pris l'habitude d'utiliser dans le cadre des campagnes ProChrist, ont fait leur preuve et ont, par le bon sens et la sagesse qui les caractérisent, facilité la collaboration. Ils peuvent être aisément adaptés aux différents types de situations ou d'efforts envisagés.

Il s'agit de la section intitulée « Collaboration et inscription » et de la Charte de collaboration adoptée depuis 2000 par ProChrist France.

1er document

Collaboration et inscription

> En France, cette campagne est organisée par des Églises issues de la Réforme.
> Les membres du Comité directeur[59] sont tous des chrétiens évangéliques appartenant à ces Églises.

---

[56] Il a notamment présidé pendant douze ans l'Association de la pastorale protestante évangélique lyonnaise (APPEL) qui a régulièrement organisé des efforts d'évangélisation en commun.

[57] Ce fut le cas pour Mission mondiale 95 avec Billy Graham, ProChrist 2000 France, ProChrist 2003 France et ProChrist 2006 France. Pour un survol des différents efforts d'évangélisation nationaux organisés en France depuis l'après Seconde Guerre mondiale, cf. Jean-Paul Rempp, « Évangélisation de masse », in *Dictionnaire de théologie pratique*, op. cit., p. 344-352, p. 347-348.

[58] Cf. *L'Engagement du Cap*, op. cit., p. 12.

[59] Il est souhaitable que ceux-ci soient réellement représentatifs des différentes sensibilités (au moins les principales) propres au monde évangélique.

Rassembler, oui, mais sur des bases claires. Trois éléments définissent celles-ci :

- Les documents de Lausanne, en particulier la Déclaration de Lausanne de 1974 ;
- Une Charte de collaboration ;
- L'acceptation des directives du Comité directeur.

Chaque Église ou famille désirant participer à la campagne ProChrist devra manifester son acceptation de ces bases en signant une « adhésion ». Chaque site[60] devra recevoir l'agrément du Comité directeur. Comme lors des campagnes avec Billy Graham, toutes les Églises d'un même lieu sont encouragées à collaborer et à s'informer mutuellement de leurs projets.

2e document

Charte de collaboration des Églises dans le cadre de ProChrist France

Cette Charte a pour objet de promouvoir, en toute clarté et loyauté réciproque, une collaboration, marquée par le respect mutuel, la volonté de coopération et le souci d'un témoignage crédible, entre les différentes Églises engagées dans cet effort. Les signataires de la Charte s'engagent à faire connaître aux membres de leurs Églises les principes d'une telle collaboration.

Premier principe : la reconnaissance mutuelle.
Profondément conscients, malgré certaines divergences, parfois importantes, mais non essentielles, de l'unité qui nous est accordée par Dieu en Jésus-Christ, nous nous engageons à manifester celle-ci concrètement tout au long de l'effort en adhérant sans réserve à la Déclaration de Lausanne de 1974 proposée comme base de collaboration par ProChrist France, et en promouvant un esprit d'alliance évangélique.

Deuxième principe : l'accord sur les règles.
Nous nous engageons à respecter :

- La représentativité des Églises au niveau des sites où nous sommes impliqués (répartition des responsabilités) et à rechercher dans toute la mesure du possible l'harmonie avec les autres sites d'une même ville ou d'une même région ;
- La personnalité et le travail des autres Églises participantes, en particulier en s'interdisant tout « prosélytisme inter-

[60] Les rencontres d'évangélisation de ProChrist étant retransmises par satellite dans plusieurs pays d'Europe, le terme « site » fait référence au lieu de réception de ces retransmissions.

ecclésiastique » : effort de persuasion de chrétiens sur des points de divergence, effort pour amener des personnes contactées par une autre Église dans sa propre Église, etc. L'honnêteté et la rigueur sont exigées à ce niveau ;

- Le travail de suite tel que l'envisageront les responsables des Églises qui répartiront, soir après soir entre les différentes Églises, les cartes des personnes qui se seront avancées. Chaque fois que cela sera évident, les « contacts » seront systématiquement renvoyés vers les Églises qui les auront contactés. En cas de doute, il sera tenu compte d'éléments tels : la liberté de choix des personnes en question, les liens d'amitié ou de connaissance de telle ou telle Église, le secteur géographique, le pourcentage numérique de participation des Églises ;
- L'engagement financier pris au niveau du site ;
- Les directives du Comité national de ProChrist France qui veillera à la cohésion de l'effort.

Troisième principe : la recherche de la gloire de Dieu.
Nous nous engageons à rechercher la gloire de Dieu en collaborant avec amour, foi et persévérance à cet effort en vue d'une sensibilisation à l'Évangile de toute la France, et plus particulièrement de notre région, par un témoignage commun pour le salut du plus grand nombre et l'édification de nos Églises.

Nous espérons que ces textes seront utiles aux Églises engagées dans un effort commun en vue d'atteindre le plus grand nombre avec l'Évangile.

CHAPITRE 10

L'évangéliste doit-il former ses disciples ?

Par Daniel Coronès

- **La problématique :** lorsqu'on reprend l'échelle d'Engel (cf. ci-dessous), l'évangéliste s'est souvent concentré sur les degrés -2 à 0. Est-ce une règle ? Jusqu'où l'évangéliste doit-il s'impliquer dans son cheminement avec un nouveau converti ?
  Ci-dessous l'échelle de James Engel, tirée de *What's gone wrong with the harvest ?*
  –8 Conscience d'un être suprême, aucune connaissance de l'Évangile
  –7 Conscience initiale de l'Évangile
  –6 Conscience des bases de l'Évangile
  –5 Prise de conscience des implications de l'Évangile
  –4 Attitude positive à l'égard de l'Évangile
  –3 Reconnaissance des problèmes personnels
  –2 Décision d'agir
  –1 Repentance et foi en Christ
  0 Nouvelle naissance
  +1 Évaluation de la décision
  +2 Inclusion dans le corps
  +3 Croissance en connaissance et en comportement
  +4 Communion avec Dieu
  +5 Maturité spirituelle

- **Pour y répondre : Daniel Coronès**, évangéliste et initiateur de groupes Découverte dans son Église.

Il existe sans doute plusieurs conceptions des groupes Découverte. Certains sont directement centrés sur l'étude en groupe de la Parole de Dieu. Ce type de groupes s'adresse à des personnes qui ont déjà un minimum d'intérêt ou de connaissances bibliques. Mon expérience, avec les groupes Découverte consiste à aller à la rencontre de ceux qui n'ont pas encore d'intérêt explicite pour les choses spirituelles.

Cela commence souvent chez nous. Dans la joie de se retrouver simplement autour d'un verre, une pizza, un barbecue, un bon film et pour d'interminables discussions autour de sujets divers et variés. C'est le plaisir de passer du temps ensemble. Dieu n'a pas envoyé son Fils uniquement pour les gens plus ou moins ouverts, mais aussi pour ceux qui sont totalement fermés. Il aime les uns comme les autres. C'est par une amitié authentique que nous pouvons les gagner.

Les participants à notre groupe Découverte ont le droit d'exprimer leurs croyances, leurs doutes, leurs questionnements, sans pour autant risquer d'être censurés ou rejetés. Même si certaines de leurs représentations de Dieu peuvent nous sembler à la limite de l'hérésie. Ils souhaitent avoir l'assurance d'être accueillis. Dans un premier temps, toute personne a besoin de se sentir écoutée et aimée, indépendamment de ses convictions philosophiques ou religieuses. Lorsqu'elle sera sûre de notre amour, elle sera beaucoup plus ouverte et réceptive.

J'envisage ces groupes comme une mise à l'épreuve de ma foi et de l'action du Saint-Esprit. Jésus a dit : « Nul ne peut venir à moi, si le Père qui m'a envoyé ne l'attire » (Jean 6 : 44). En tant qu'évangéliste, je ne fais que coordonner mon action à celle de Dieu. Quelle joie de voir nos participants « descendre l'échelle d'Engel » au fur et à mesure de nos rencontres. Comme si Dieu les attirait irrésistiblement à lui. Au travers des échanges autour de la Bible, les visages se décrispent et les cœurs s'ouvrent. Jusqu'à l'heure de la nouvelle naissance. Alors, on se dit : « Il a fait le pas, elle a donné son cœur à Jésus ! » C'est la fête !

Mais le groupe ne s'arrête pas là. Il continue… jusqu'au baptême ! Imaginez : un groupe Découverte où les participants cheminent ensemble pendant une année, certains naissent de nouveau et là, c'est le feu d'artifice avant l'été : des baptêmes dans la mer (j'habite près de la Méditerranée) ! Du scepticisme à l'intégration dans le corps du Christ, le tout en communauté. J'en redemande !

Le baptême est aussi l'occasion d'inviter toute l'Église à célébrer ce que Jésus a fait au milieu de nous pendant l'année. C'est la jonction de deux communautés de vie : le parcours Découverte termine, et l'Église locale prend le relais.

Questions annexes

Comment gérer le succès de ces groupes Découverte lorsque l'Église peine à se remplir le dimanche matin ?

Les groupes Découverte sont avant tout une bonne nouvelle pour l'Église. Imaginez : la mutation d'une poignée de participants réfractaires en disciples de Jésus-Christ ! Quel bonheur de voir ceux-ci faire d'autres disciples ! Une Église locale instituée profite pleinement du fruit de ces parcours Découverte. *Et vice versa*. La suite logique de toute évangélisation est l'intégration dans la vie de l'Église locale.

Les groupes Découverte sont une approche à la fois festive et pédagogique. Festive parce que les rencontres se passent souvent dans le salon d'une personne, assis confortablement autour de quelque chose à grignoter. Pédagogique parce que le format d'étude biblique est inductif. On observe le texte, on s'interroge, on s'écoute, on cherche l'interprétation et l'application. Du coup, les nouveaux convertis ne connaissent que cette approche-là de la vie communautaire. La transition d'un groupe Découverte à un culte en bonne et due forme le dimanche matin peut parfois provoquer un choc culturel. Néanmoins, je pense qu'il y a de la place pour réformer certains aspects du culte afin d'atténuer ce choc, dans l'intérêt de tous.

Comment garantir que les nouveaux convertis s'attachent à l'Église locale, plus qu'au groupe Découverte ?

Les gens ont besoin de faire leurs premiers pas dans un contexte sécurisant, hospitalier et accueillant. Le groupe Découverte possède plus ou moins tous ces aspects, mais ce serait dommage de priver ce dernier du reste de la relation avec L'Église.

En ce sens, le groupe Découverte devrait être un avant-goût de l'Église locale.

Si une Église locale a appris à travailler sa capacité d'accueillir les gens tels qu'ils sont, et non comme elle souhaiterait qu'ils soient, le problème d'allégeance au groupe Découverte ou à l'Église ne se pose pas.

Le danger vient souvent de notre éloignement des questions que se posent vraiment nos contemporains. Sans nous en rendre compte, nous pouvons développer un système de pensée cloisonné et très critique, non seulement à l'égard de « ceux du dehors », mais aussi envers ceux qui sont à peine « dedans ».

L'évangéliste doit donc travailler avec l'Église locale, afin qu'elle apprenne à accueillir de la bonne manière les nouvelles personnes. Pour ma part, j'apprécie de collaborer avec des chrétiens qui sont plus doués que moi pour s'occuper des bébés spirituels, même si, sur certains aspects, je participe aussi à leur croissance. La structure communautaire (bâtiment et organisation) devrait pouvoir aider le nouveau croyant à s'engager encore mieux dans sa vie de disciple.

CHAPITRE 11

Comment durer dans le ministère d'évangéliste ?

Par Alain Stamp

- **La problématique :** « Si c'était à refaire, je m'y prendrais autrement ! » entend-on souvent dans la bouche d'évangélistes aînés. Le développement du ministère dans la durée est un vrai défi. Quelles sont les ficelles pour garantir un ministère qui non seulement dure dans le temps, mais qui porte encore plus de fruits en fin de ministère qu'en début ?
- **Pour y répondre : Alain Stamp**, évangéliste et mentor d'évangélistes.

En devenant président de France Évangélisation, j'ai résumé ma vision pour l'accompagnement des évangélistes par deux schémas qui formulent le « développement de l'évangéliste ». Ils organisent les points essentiels sur lesquels l'évangéliste doit sans cesse veiller, travailler. J'ai bien dit *sans cesse*. Pas toujours avec la même intensité. Mais pour durer et tenir à long terme, celui-ci doit être engagé dans une sorte de formation continue qui porte sur les points soulignés par les schémas. C'est aussi un moyen de s'évaluer.

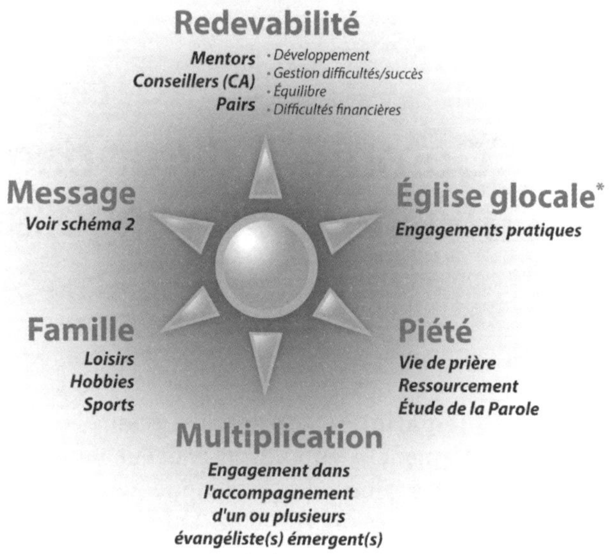

* glocale = penser global, agir local

Schéma 1 : le développement de l'évangéliste

N.B. : les éléments placés aux extrémités de chacun des axes ne sont pas en opposition mais complémentaires. Ils se renforcent mutuellement et puisent l'un dans l'autre.

La redevabilité

Premier secret pour durer... et bien finir dans le ministère. J'ai fréquenté plusieurs évangélistes reconnus à qui personne ne pouvait rien dire. Certains avaient pourtant un comité autour d'eux. Sans s'y soumettre... Ou composé de gens essentiellement d'accord avec eux ! Il existe un principe auquel je crois : celui qui ne se laisse rien dire n'a rien à dire. Auquel je peux ajouter cet autre, formulé par Nicolas Kessely : « Il n'y a pas de progrès spirituel sans soumission mutuelle ».

Permettez à d'autres de regarder dans votre vie. Ayez un mentor, des conseillers autour de vous, laissez-vous reprendre.

Vous êtes évangéliste ? Donc vous avez forcément un caractère, une personnalité, des idées, une vision ! Alors soyez redevable. Et plutôt deux fois qu'une ! Que vous soyez prédicateur ou artiste. Des évangélistes comme Ulrich Parzany ou Pierre Lachat, cités dans ce livre, sont des hommes de Dieu qui se sont soumis à d'autres, ont su écouter les conseils et qui ont duré. Vous avez également besoin pour votre vie personnelle de cette protection qu'apporte la redevabilité. Certains de mes protégés, en danger à un moment ou un autre, au cœur de la tentation, ont été précisément protégés et préservés grâce à notre relation mentorale. Pouvoir appeler au secours au moment crucial ou même simplement pouvoir dire : « Prie pour moi ! » est une sécurité indispensable.

La multiplication

C'est là le complément la redevabilité. Investissez-vous dans la vie d'autres évangélistes. Soyez vous-mêmes des multiplicateurs. C'est ce qui a parfois manqué aux générations précédentes. Elles désiraient la multiplication des évangélistes, sans agir de manière intentionnelle. Faites profiter d'autres de ce que vous découvrez, vivez et expérimentez dans votre ministère. Avoir la joie de voir d'autres entrer dans l'œuvre de Dieu est un privilège incroyable. Et accélérer pour eux le processus est encore plus formidable.

Le message

Je reviendrai sur ce point en examinant le 2nd schéma, mais vous êtes d'accord que celui-ci prend sa source et sa force, et s'enracine dans la piété de l'évangéliste.

La piété

Nous savons tous que le secret de l'évangéliste réside dans son intimité avec Christ. Rien n'est jamais acquis dans ce domaine. Nous ne pouvons ni vivre ni servir en nous fondant sur des découvertes ou des expériences spirituelles d'avant-hier, d'il y a six mois ou six ans... Ni sans être sans cesse en règle dans notre vie avec Christ et les autres, sans marcher dans la lumière.

L'Église locale

L'évangéliste doit être engagé dans une Église locale. Quel sera le sens de son évangélisation s'il n'est pas un inconditionnel, un passionné, de l'Église ? Mais comme évangéliste, il voit plus loin, plus large que sa propre Église locale. Il voit tous ceux qui ne sont pas encore dans la bergerie. Il voit l'œuvre de Dieu dans le monde. Et parce qu'il partage, et promeut cette large vision de l'évangélisation et de l'œuvre de Dieu, il est une richesse, un vrai plus pour son Église. Ce faisant, il équipe l'Église pour son ministère.

La famille

Une évidence : l'évangéliste doit sans cesse veiller sur son équilibre familial. Autant pour celle-ci que pour lui-même. Plus largement, il doit prendre soin de son équilibre émotionnel. J'ai relevé que plusieurs grands évangélistes, grands passionnés de l'Évangile, étaient aussi de grands passionnés d'autre chose. Roy Hession était féru des cris d'oiseaux qu'il enregistrait et archivait, une vraie passion. Un autre était passionné par les papillons... jusque sur ses cravates !

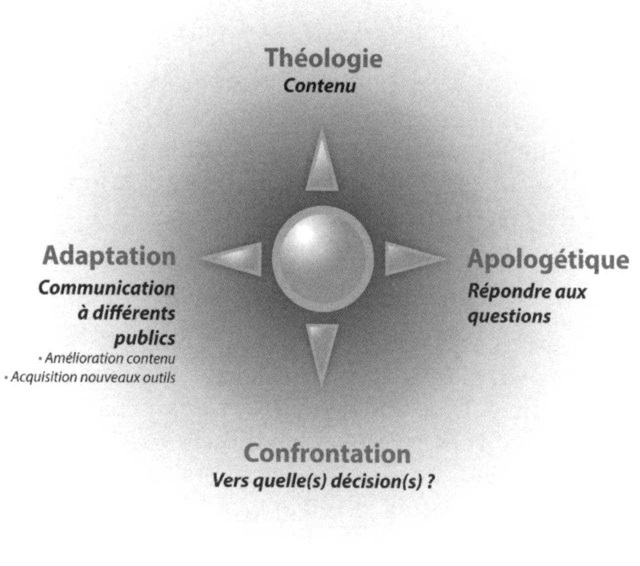

Schéma 2 : le message

Le message de l'évangéliste (théologie, confrontation, apologétique et adaptation) a déjà été développé au chapitre 5. Je n'y reviens donc pas.

Il me semble que tout au long de son parcours, l'évangéliste doit régulièrement s'interroger sur les éléments évoqués dans ces schémas et les retravailler. Afin d'être renouvelé, toujours frais et pointu dans son ministère et son message. Et pour durer.

Questions annexes

Vous parlez souvent de « convergence » pour caractériser cette étape de ton ministère. Expliquez-nous !

Je vous invite à revoir le schéma proposé par Martin Sanders dans *Multiplier les leaders*. Il propose, à la suite de Bobby Clinton, cinq étapes marquantes dans le ministère :

1. Fondement souverain ;
2. Croissance interne ;
3. Maturité dans la vie ;
4. Maturité dans le ministère ;
5. Convergence.

Je manque de place pour étudier ces différentes étapes, mais je conseille vivement de travailler cette question pour vous-même afin que vous sachiez où situer votre ministère.

La convergence est la dernière étape de la vie active du serviteur de Dieu. Celle qui lui permet de rassembler toute son expérience, ses acquis (en particulier spirituels) pour les réinvestir. Clinton pense que peu de leaders parviennent à cette étape dans leur vie. Les postes qu'ils occupent, et les responsabilités font qu'ils n'utilisent qu'une partie de leurs dons et de leur expérience. Je garde un souvenir très vif de la première fois où j'ai rencontré la première promotion du R2E dont j'étais le mentor. L'expérience était troublante. Je n'avais qu'une idée encore vague de ce qu'allait être mon rôle de mentor, et pourtant j'avais le sentiment d'être à ma place comme jamais auparavant. Je me suis ouvert de mon trouble à David Rowley, mon collègue dans ce programme. Je n'oublierai jamais sa réponse :

— C'est normal, mon ami : tu découvres la convergence dans ton ministère.

Il est vrai que j'avais clairement réclamé à Dieu qu'il me montre quel serait mon ministère pour cette dernière étape de ma vie active. Et il m'a conduit vers ce ministère de mentor d'évangélistes confirmés ou émergents. Et dans ce service auprès de mes frères, j'ai l'impression de tout utiliser : mon expérience d'évangéliste dans différents ministères, l'expérience résultant de vingt ans d'épreuve et tout ce que j'ai mis tant d'années à apprendre de Jésus mon Sauveur et mon Maître. C'est pourquoi je peux dire que je vis la plus belle partie de mon ministère !

Quels conseils donneriez-vous à ceux qui commencent dans le ministère, ceux qui sont à la mi-temps, et ceux qui finissent ?

Pour ceux qui commencent ?

Mon premier conseil serait : faites confiance à ceux qui vous disent : « Tu es un ou une évangéliste ! » Le deuxième : n'écoutez pas ceux qui disent, sous prétexte que vous avez d'autres manières de faire qu'eux... que vous ne l'êtes pas !

J'avoue que, si mes mentors m'ont fait confiance, si j'ai pu très tôt servir dans la joie et l'enthousiasme, il m'a fallu longtemps avant d'être totalement convaincu de mon don d'évangéliste. Trop tardivement à mon goût. D'autant plus que, comme je ne répondais pas à leur définition restrictive de l'évangéliste, certains ont mis en question mon ministère.

La musique a été pour toute une période de mon ministère un formidable moyen de partager l'Évangile. Sans entrer dans les détails, des frères, mes pairs, m'ont invité à cesser de composer (ils m'ont demandé pardon depuis et ont reconnu leur erreur). Mais imaginez : plus le droit d'écrire, de composer, d'exprimer ce si merveilleux message avec d'autres mots, d'autres approches, une autre sensibilité pour le mettre à la portée d'un autre public. Cela a été terrible pour moi et j'ai douté de mon don d'évangéliste durant un certain temps.

Mon troisième conseil serait, si vous débutez dans le ministère, de rencontrer d'autres évangélistes. Et n'ayez pas une définition trop figée ou limitée du ministère. C'est tout l'intérêt d'événements comme le Forum des évangélistes francophones. Les évangélistes ont besoin de se retrouver entre évangélistes pour parler la même « langue », pour pouvoir partager leurs préoccupations, leurs fardeaux, leurs rêves.

Mon quatrième conseil serait : soyez fidèle, fiable et sérieux, à fond dans tout ce que vous faites et tout ce que Dieu vous a mis à cœur. Tous les chrétiens devraient démontrer ces qualités. Mais les évangélistes encore un peu plus. C'est un fait : ils sont parfois comme attendus au tournant. J'ai souvent entendu des plaisanteries sur le fait que les évangélistes s'arrangent un peu avec la théologie pour appuyer leur message. Je ne supporte pas cette idée. Or, je suis autodidacte. Je trimballe toujours mon « sale petit complexe de l'autodidacte ». Alors, je travaille, je consulte des frères, je me tourne vers des amis qui sont de bons théologiens, pour vérifier si mes positions sont justes. Sérieux et fiabilité vont accréditer votre don d'évangéliste et votre ministère.

Pour ceux qui sont à la mi-temps ?

Je renverrai ceux qui sont à la mi-temps de leur ministère vers deux autres de mes réponses : si vous n'avez pas encore de mentor, trouvez-en un. Vous avez besoin d'être *redevable* surtout si vous commencez à avoir un certain succès dans votre ministère, et une certaine expérience. Il faut que vous soyez influencé, questionné, voire remis en cause. Avant de prendre de mauvaises habitudes. Et travaillez à votre développement selon les suggestions faites plus haut. Ceux qui débutent dans le ministère sont conscients qu'ils ont tout à apprendre. Ne perdez pas cette attitude. Au besoin, retrouvez-la volontairement, en menant une réflexion avec un mentor sur les points évoqués.

Veillez à votre fraîcheur. Ne vous laissez pas enfermer dans des habitudes, allez au-devant de choses que vous n'avez pas encore faites, tentez de nouvelles expériences, mettez-vous en danger pour vous obliger à relever de nouveaux défis... qui seront stimulants aussi pour votre foi.

Et pour ceux qui finissent ?

Ceux qui me connaissent ne seront pas surpris. Un seul conseil. Investissez-vous dans la vie de jeunes évangélistes. Prenez-les avec vous. Encouragez-les. Ne leur dites pas : « Vas-y », mais : « Viens ». Donnez-leur tout ce que vous avez pour leur permettre d'aller plus loin : votre soutien, votre intercession, votre confiance, votre foi en eux. Partagez votre expérience, répondez à leurs demandes de conseils, faites-leur de la place, retirez-vous en leur faveur, faites-leur profiter de vos contacts pour qu'ils accèdent à votre réseau. Montrez-vous tels que vous êtes, avec vos forces et vos faiblesses, pour qu'ils puissent apprendre de vos combats et de vos découvertes. Un des messages qui m'a le plus marqué a été donné par Georges Verwer lors d'un congrès en 1979. J'avais un peu plus de trente ans, je débutais dans le ministère. Cet homme de Dieu a parlé de la pureté sexuelle. Il a raconté comment il avait lutté pratiquement et de façon précise avec une tentation. Comment il l'avait surmontée. J'ai compris plusieurs choses au travers de son témoignage. En particulier la force et le privilège de la repentance. Le partage de l'expérience de ce serviteur de Dieu renommé a eu une énorme influence sur le débutant que j'étais et m'a servi toute ma vie ! Faites-le pour d'autres. Mais par-dessus tout, aimez-les.

CHAPITRE 12

L'évangéliste doit-il respecter la laïcité ?

Par Jean-Claude Girondin

- **La problématique**: dans la francophonie occidentale (Europe, Canada), la laïcité pose des problèmes de fond dans nos approches d'évangélisation. Il semble qu'entre la sphère publique (de l'État) et la sphère privée (individu), il n'y ait plus d'espace pour une évangélisation publique. Est-ce le cas? Comment à la fois respecter la loi, et promouvoir le message de l'Évangile?
- **Pour y répondre: J.-C. Girondin**, évangéliste et sociologue.

L'évangéliste doit-il respecter la laïcité?

Cette problématique est à la fois ancienne et nouvelle. Les tensions entre les autorités publiques et les chrétiens évangéliques à propos de l'évangélisation dans l'espace public ont toujours existé. Je répondrai sans ambiguïté à cette question: oui, l'évangéliste doit respecter la laïcité, et même la défendre et la promouvoir. À cause du devoir d'obéissance aux pouvoirs établis, selon Romains 13:1: «Que toute personne soit soumise aux autorités supérieures».

L'évangéliste ne doit cependant pas à l'État une obéissance absolue. L'allégeance ultime, il la doit uniquement à Dieu qui est Seigneur. L'enseignement de la Bible est clair: la soumission à Dieu passe avant la soumission aux autorités (Actes 4:19; 5:29). Ainsi, l'évangéliste, la conscience liée par la Parole de Dieu, prend le risque de poursuivre sa mission comme les apôtres, avec une «pleine assurance».

Historiquement, alors que la religion catholique cherchait à « régenter la société française », les protestants ont joué un rôle important et prépondérant dans l'émergence et le développement de la laïcité. Comme chrétiens évangéliques, nous reconnaissons et soutenons que la laïcité est la « seule conception pour la pensée chrétienne ». Comme « pacte laïc », elle favorise, quand elle est respectée, un cadre positif pour le développement de la foi chrétienne. Toutefois, nous observons que trop souvent la laïcité tombe dans des écueils en se transformant en son contraire : laïcisme et anticléricalisme. Stéphane Lavignotte s'interroge en ces termes : « Actuellement, certaines conceptions politiques en sacralisant la République, l'identité nationale, voire la laïcité, ne mettent-elles pas en danger la laïcité elle-même ? »

Ainsi, le respect de la laïcité, c'est aussi rappeler à l'État qu'il a un caractère relatif, car seul « Dieu est absolu ». Les premiers chrétiens ont accepté de vivre à l'intérieur de l'Empire païen romain mais en faisant valoir une autre exigence fondamentale, le « refus de l'idolâtrie par lequel on démasque les prétentions totalitaires du pouvoir impérial quand il devient comme une “Bête” dévoreuse des personnes (Gen. 11 ; Apoc. 13:1) ». Ainsi, quand l'État ne respecte pas le pacte laïc, l'Église a, dans son rôle prophétique, le devoir de pourfendre cet « absolutisme » du pouvoir qui n'est plus serviteur mais maître. Stéphane Lavignotte, s'inspirant du penseur Jacques Ellul, dit que « face à cette situation – de tentation totalitaire – l'Église a pour mission de refuser et de dénoncer toutes les sacralisations du monde (la technique, la ville, la société, l'action politique) qui ferment le monde ».

Pour nous, évangélistes, la laïcité est le principe d'une société qui ne reconnaît pas Dieu. Un monde où règne l'absence d'une reconnaissance d'une vérité, le libéralisme pour qui tout peut être dit et le refus d'un sacré dans le monde. Trois phénomènes liés l'un à l'autre. Ainsi, nous partageons cette idée avec Jean Bosc qu'en définitive, si l'Évangile est fidèlement prêché dans ce monde qui ne reconnaît pas Dieu et qui relègue la foi dans le domaine privé, alors nous sommes convaincus d'une chose, c'est que la tension entre cette culture moderne (sécularisée, laïque) et le pluralisme ne cessera jamais. Elle pourra paraître plus ou moins aiguë, subtile mais les risques d'opposition seront toujours présents et grands.

Quels sont les pièges à éviter ?

Le premier piège à éviter, c'est celui de rêver, comme dans certains pays, à « administrer » ou coloniser l'État, transformer la société en « cité de Dieu ». Le second, c'est celui du repli sur soi, la tentation de « devenir un ghetto ». Jacques Ellul, dans son livre *Les Nouveaux possédés*, le dit avec pertinence :

> On ne veut pas la disparition du christianisme, son évacuation, mais on lui donne, dans le vaste amphithéâtre de la société, un petit strapontin dont elle ne doit pas bouger. Elle est là pour le spirituel et pour le religieux, pour les cérémonies et pour répondre à certaines aspirations de l'homme. Elle est tolérée à condition qu'elle fasse ce qu'on lui demande et pas plus[61].

Être dans la société « d'insignifiants strapontins » ou encore la « voiture-balai ». Deux réalités qui ne facilitent pas la promotion du message évangélique de « Dieu dans la cité ».

Questions annexes

Faut-il s'attendre à un durcissement de la loi dans les années à venir ? Comment s'y préparer en tant qu'Église ?

Le risque est bien réel. Il me semble que c'est en termes de mission qu'il faut réfléchir à préparer l'Église à faire face à cet éventuel durcissement de la loi sur la laïcité. Autrement dit, il nous faut en tant qu'évangélistes interpeller l'Église sur son rôle de présence au monde dans sa relation avec l'État, comme l'explique si bien Sébastien Fath dans son article « Cité de Dieu ou Dieu dans la cité[62] ? »

Cette présence au monde passe en premier lieu par l'intercession fidèle de l'Église de Jésus-Christ (son **ministère sacerdotal**) qui prie pour les autorités afin que le peuple de Dieu puisse mener « une vie paisible et tranquille, en toute piété et honnêteté ». Une vie respectable dans un parfait attachement à Dieu, voilà qui est « bon et agréable devant Dieu notre Sauveur,

---

[61] Jacques ELLUL, *Les nouveaux possédés*. Paris : Fayard, 1973, p. 37.

[62] Sébastien FATH, « Cité de Dieu ou Dieu dans la cité ? », *Théologie évangélique*, vol. 4, n° 3, 2005. Vaux-sur-Seine : Faculté Libre de Théologie Évangélique, 2005, p. 23-37.

qui veut que tous les hommes soient sauvés et parviennent à la connaissance de la vérité» (1 Tim. 2:2-4).

La deuxième responsabilité de l'Église dans sa présence au monde moderne, c'est qu'elle doit pouvoir «[rechercher] le bien de la ville» (Jér. 29:7). C'est sa **fonction royale** ou sa vocation culturelle. Une attitude qui permet aux évangéliques de transcender le modèle du «totem», où la religion serait la référence principale, centrale et officielle, et à le rapprocher de celui de «tandem», c'est-à-dire un modèle où religieux et politique demeurent chacun dans sa sphère, sans confusion, mais où ils avancent dans le sens d'un civisme public (le bien commun). Chacun dans son registre propre, mais où une éthique de collaboration est possible. Glenn Smith affirme:

> Il y a aussi des valeurs fondamentales que nous voudrons retenir, par exemple, la démocratie, la liberté, l'égalité et la solidarité. Les «règles du jeu» incluent le civisme et le respect des minorités. Tous les chrétiens doivent travailler au bien commun parce que le Créateur a répandu à profusion sa grâce sur tout le cosmos en signe de sollicitude pour le monde[63].

Enfin, dernière piste de réflexion, l'Église doit se tenir devant Dieu et remplir **son rôle prophétique** dans la société. Porte-parole du Seigneur, face à la tentation d'un État idolâtre ou d'une société intolérante, elle doit invoquer un autre lieu. Du ciel, Dieu voit le scandale et la marginalisation de ces enfants. *Hic et nunc*, ici et maintenant, Dieu voit, agit, redonne courage.

En conclusion, je dirais que la question de la laïcité est française, liée à son histoire. Et c'est une histoire mouvementée. Elle a ses points forts et ses points faibles, «son unique et son défaillant». Il est important pour les évangélistes de rester vigilants spirituellement et intellectuellement, toujours en dialogue avec l'État.

---

[63] Glenn SMITH (Direction chrétienne). «Les protestants du Québec à l'ère des accommodements raisonnables» (p. 195-211). In MCANDREW, Marie, MILOT Micheline, IMBEAULT Jean-Sébastien et EID Paul (dir.). *L'accommodement raisonnable et la diversité religieuse à l'école publique: Normes et pratiques.* Chapitre 4: Perspective comparative. Montréal : Fides, 2008, p. 207.

Quelle est la situation aux Antilles et en Afrique ? Y a-t-il là d'autres pièges ?

La situation de l'Église varie d'un pays à l'autre et quelquefois dans un même pays, d'une région à l'autre. Par exemple, en Guadeloupe et en Martinique que je connais bien, d'une manière générale, les Églises bénéficient d'une plus grande tolérance de la part des autorités dans l'espace public que dans l'Hexagone. En Afrique, les choses sont extrêmement complexes. Dans certains pays, les Églises jouissent d'une grande liberté. Dans d'autres, là où l'État manque ou est corrompu, les Églises souffrent. Ce n'est donc pas toujours la laïcité qui pose problème aux chrétiens. Dans certains de ces pays, les Églises sont sous des régimes musulmans intolérants ou autoritaires et elles sont persécutées.

CHAPITRE 13
Portrait : l'évangéliste proclamateur

Olivier Pfingstag

Que répondez-vous aux personnes qui disent : « Aujourd'hui, la proclamation, ça ne marche plus » ?

Lorsque je lis le livre des Actes, je constate que la proclamation « marchait » plutôt bien à l'époque. Prenez Actes 2:36-41, par exemple. Pierre prêche l'Évangile sans détour, en accusant d'autres Juifs d'avoir crucifié le Messie. Résultat : environ trois mille personnes se convertissent. J'en conclus que pour être cru, l'Évangile doit être entendu. C'est aussi simple que ça. Ça « marchait à l'époque », mon expérience est que ça « marche » encore aujourd'hui !

Contrairement à ce que l'on peut penser, une partie de nos concitoyens est à l'écoute des personnes qui expriment fortement leurs convictions, et particulièrement lorsqu'il s'agit d'une personne jeune. Mais comme dans nos Églises, l'accent est mis de plus en plus sur l'importance d'entretenir de bonnes relations avec ses amis, le message de l'Évangile est finalement peu communiqué dans son entier. Nous essayons d'être des exemples par notre comportement vis-à-vis de nos amis non croyants. Ce qui est important. Mais il semble que la culture ambiante nous pousse à ne pas être trop tranchants. L'ennemi fera tout pour atténuer le message, le rendre moins compréhensible, moins accessible. Or, « la foi vient de ce qu'on entend » (Rom. 10 :17). Comment nos contemporains entendraient-ils, s'il n'y a personne pour proclamer (Rom. 10 :14) ?

La proclamation de l'Évangile est une opportunité extraordinaire de démontrer avec autorité que ce que le monde propose n'apporte que déception et désillusion. Il ne répond en rien aux profonds besoins du cœur humain. Elle est l'occasion d'expliquer clairement que le message central de la Bible, l'Évangile de Jésus-Christ, est tellement plus attrayant, plus vrai, et qu'on peut réellement l'expérimenter !

Quels sont vos modèles (personnes ou processus) dans la proclamation, et pourquoi ?

Je crois que tous les évangélistes proclamateurs que je rencontre ont, à un moment de leur vie, littéralement dévoré des biographies d'évangélistes qui ont marqué leur temps. Comme John Wesley, Dwight Moody, ou plus récemment Billy Graham, Luis Palau ou Tony Anthony. Il y a une sorte d'émerveillement en nous lorsqu'on lit ces récits, qu'on écoute ces prédicateurs, comme si, à leur image, le but de notre vie était de se tenir debout sur cette chaire et de prêcher Christ. Cela me fait toujours le même effet lorsque je regarde la vidéo de Billy Graham, en campagne d'évangélisation à New York en 1957, lors de son fameux sermon « The Heart » (en noir et blanc) et que je l'entends s'écrier à plusieurs reprises : « Is your heart right [Est-ce que ton cœur est droit] ? » Je vous invite à en faire l'expérience.

Il ne s'agit pas d'admirer simplement ces personnes ; il n'est pas non plus question ici d'avoir des « idoles ». Le jeune argentin Luis Palau avait la photo de Billy Graham accrochée dans sa chambre, au-dessus de son lit. Bien plus tard, il devint lui-même, ainsi qu'on le surnomma, le « Billy Graham de l'Amérique Latine ». Tout proclamateur est stimulé par les récits de la vie d'autres proclamateurs. Leur audace nous donne de l'audace.

La première fois que j'ai rencontré un évangéliste proclamateur à plein temps, c'était Emmanuel Maennlein. J'étais tellement heureux que je me suis dit : « Ça existe vraiment, ces personnes » ! Je brûlais d'envie d'être moi aussi un proclamateur de l'Évangile.

Mais j'étais seul. Lorsqu'Emmanuel lui-même, plus tard, vint vers moi pour me dire qu'il voulait soutenir mon ministère, cela a été un encouragement énorme pour moi.

Un peu plus tard, j'ai fait la connaissance de Raphaël Anzenberger, avec qui je rêvais de pouvoir collaborer un jour. L'occasion s'est présentée, et j'ai pu travailler deux années à ses côtés. Je dois dire qu'il n'y a rien de mieux, en tant que jeune proclamateur, que de pouvoir collaborer avec des personnes plus expérimentées. La meilleure façon d'affermir le don que Dieu avait mis en moi était d'être propulsé en avant par d'autres proclamateurs qui ont su reconnaître ce don, qui l'ont reconnu publiquement et qui m'ont aidé à m'épanouir dans mon propre style.

Le proclamateur doit-il se former théologiquement ?

Au début de ma conversion, je craignais que de faire des études de théologie refroidisse mon désir ardent de proclamer l'Évangile. Avoir côtoyé des proclamateurs zélés ayant un bagage théologique solide m'a conforté dans l'idée de me former. Après plusieurs années passées sur les bancs de l'institut, j'ai réalisé que non seulement mon envie de proclamer l'Évangile ne s'est pas atténuée, mais qu'elle s'en est trouvée renforcée par une connaissance plus profonde de la Parole de Dieu. J'ai été d'autant plus émerveillé de mieux comprendre le plan de Dieu, de mieux percevoir le fait que toutes les Écritures convergent vers le message central de l'Évangile.

L'évangéliste est souvent confronté à des questions profondes de ses auditeurs ou de son entourage, concernant la souffrance, l'injustice ou d'autres sujets sensibles. Je suis reconnaissant d'avoir pu mettre du temps à part pour étudier la Bible, mais aussi les grandes religions, la philosophie, et ainsi avoir des pistes de réponses face à certaines questions difficiles. Comme proclamateur, il me semble qu'il est essentiel de toujours mieux connaître nos auditeurs, leurs croyances, leurs passions, et ainsi trouver des ponts vers l'Évangile, pour être toujours plus efficace et en phase avec ceux qui nous écoutent. La prédication de l'apôtre Paul à Athènes en Actes 17 en est un exemple frappant.

Où et comment s'essayer à la proclamation de l'Évangile ?

Quand Billy Graham avait vingt ans et qu'il étudiait à l'institut biblique, il était pressé par une envie effrénée de prêcher l'Évangile. Seulement, il était encore un illustre inconnu. Il contactait lui-même les Églises. Personne ne voulait d'un étudiant inexpérimenté. Voici quelques lignes de la suite du récit :

> C'est alors qu'un samedi, tandis que je tondais les pelouses au bord de la rivière, j'aperçus M. Corwin qui se promenait sur le campus. Il avait l'habitude de faire appel à des étudiants de l'institut pour l'assister. Le temps passait, et ne le voyant pas venir vers moi, je me disais qu'il ne me demanderait jamais rien. Je me laissai tomber à genoux derrière un buisson et priai : « Cher Seigneur, laisse-moi prêcher à sa réunion de demain ». Lorsque je levai les yeux, je vis qu'il venait vers moi : « M. Graham, un étudiant a dû annuler son engagement en dernière minute, dit-il, pourriez-vous venir demain à la mission pour y prêcher[64] ? »

C'est toujours une période pénible lorsqu'on brûle de prêcher l'Évangile, mais que personne ne reconnaît ce don. Lorsque Dieu accorde un don, il donne toujours des opportunités de le mettre à son service, en son temps. Il le fait souvent au travers de personnes plus expérimentées. Ce sont ces mentors, ces grands frères ou grandes sœurs dans la foi qui sont prêts à prendre le risque de nous lancer, et qui peuvent aussi nous donner des retours honnêtes.

Comment gérer un appel à la fin d'un message ? Que faire si personne ne répond ?

Les premières années après ma conversion à Jésus, j'étais frustré de voir que lors de certaines soirées d'évangélisation auxquelles je participais, il n'y avait pas de conclusion. Pas d'appel, parfois même pas de proclamation de l'Évangile. Par la suite, j'ai pu être témoin de nombreuses façons de procéder lors d'un appel à la conversion à Christ. Voici ma façon de procéder aujourd'hui.

L'appel est un temps particulier, propice à l'action du Saint-Esprit dans le cœur des auditeurs. Le prédicateur est là simplement pour inviter à une réponse de la part de la personne suite

---

[64] Billy GRAHAM, *Tel que je suis : L'autobiographie de Billy Graham*. Avesnes-sur-Helpe : Eternity Publishing House, 1997, p. 71.

au message qui le contraint à faire un choix, en elle-même ou de façon visible.

J'ai appris – en grande partie grâce à mes mentors – que le moment de l'appel doit être minutieusement préparé. Toutes les personnes responsables de l'événement d'évangélisation doivent savoir comment il va se dérouler. Des conseillers doivent se tenir prêts à prendre en charge les personnes qui s'avancent. Le moment d'appel doit être un moment de transparence où l'on explique aux auditeurs ce qui va se passer.

Y a-t-il plusieurs appels ? Un appel à la conversion, ainsi qu'un appel à vivre à 100 % pour Jésus ?

Si c'est le cas, il faut l'expliquer, et ainsi bien distinguer les deux moments.

Il est bon de préparer les auditeurs à ce qu'il va se passer, en disant par exemple ceci : « Dans cinq minutes, je vais faire un premier appel pour ceux qui ne connaissent pas encore Jésus personnellement, ensuite, je ferai un second appel, pour ceux qui veulent dire à nouveau à Jésus qu'il a la première place dans leur vie ».

Le fait de demander à toute l'assemblée de se lever permettra à ceux qui lèvent la main d'avoir plus de liberté, plutôt que de devoir se lever seuls devant tout le monde.

Là aussi, ce sont des détails qu'il est bon d'expliquer. Par exemple : « Je vais vous demander de vous lever de votre place, c'est un moment solennel et nous sommes dans la présence de Dieu. Je vais demander à ceux qui veulent connaître Jésus personnellement de lever leur main, et ensuite, si elles le désirent, ces personnes pourront s'avancer pour que l'on prie avec elles. Merci à tous de respecter ce moment et de fermer les yeux. Vous n'allez pas lever la main devant votre voisin, ou devant le prédicateur, mais c'est un signe comme pour dire à Dieu : je veux te suivre et t'appartenir. Y a-t-il une personne, ici, qui désire connaître ce Jésus ? C'est entre toi et lui, et si Dieu te parle, n'attends pas, lève ta main là où tu es ».

Le prédicateur expose l'Évangile de façon à ce que les gens ne se sentent pas « forcés », tout en les pressant à ne pas hésiter s'ils sentent que Dieu les appelle (Héb. 3 : 15 ; 2 Cor. 6 : 1-2).

La Bible dit que le message de l'Évangile est une puissance (Rom. 1:16). Ce n'est pas à nous de « bricoler » quelque chose pour que les gens répondent ou de les piéger. Dieu voit ce qui se passe dans les cœurs, et si le message de l'Évangile est bien communiqué, il va faire son œuvre par l'action du Saint-Esprit. Notre rôle est de prendre le temps de bien expliquer ce que signifie devenir chrétien, comment faire la démarche, et de tout faire pour que les gens se sentent libres, face à Dieu lui-même. Et si personne ne répond de façon visible, nous avons fait notre part. Jésus reste le Maître de la moisson.

CHAPITRE 14
Portrait : l'évangéliste artiste

Pierre Lachat

Quelle est la différence entre un évangéliste artiste, et un artiste qui fait de l'évangélisation ?

Il faut de tout pour faire un monde. Il y a de la place dans le champ. Le propre de l'œuvre de Dieu, c'est que c'est lui qui réalise son travail ! Si tous les chrétiens sont appelés à témoigner de leur relation avec Dieu et de l'espérance de leur salut en Jésus, tous n'ont pas le don et l'appel d'un évangéliste. Dans l'Église, il y a un temps pour inviter des amis à un événement culturel, une exposition, un concert, une activité ludique. Autant d'occasions de créer des relations de confiance, de faire connaître l'assemblée et même d'apporter un message spirituel qui permettra à nos contacts de réfléchir sur la foi. Il y a aussi un temps pour prêcher l'Évangile et confronter l'auditoire au choix qui s'impose quand le message a été reçu et compris. L'évangéliste est investi de cette responsabilité et cherche les occasions pour faire savoir qu'on peut et qu'on doit choisir entre la vie et la mort.

Tous sont-ils artistes ? Certainement pas ! Tous sont-ils évangélistes ? Pas davantage ! Mais tous peuvent être acteurs dans le dessein de Dieu qui veut que tous les hommes soient sauvés. Les artistes ont leur place dans ce vaste chantier. Ils savent exprimer ce que les gens ressentent mais ne peuvent formuler. Et quand l'artiste est un évangéliste, il conduit *in fine* à l'appel à la conversion. Il fait office *d'accoucheur* pour une nouvelle naissance.

Quelle devrait être la place des artistes dans l'Église ?

Être frère (ou sœur) et participer à cette grande famille qu'est l'Église. Comme les autres, il est un pécheur pardonné par grâce. Comme les autres, il est au service du Seigneur, de ses frères et sœurs. Il est convenu d'enfermer les artistes dans un stéréotype bien connu : toujours dans la lune, sans discipline et de préférence avec un caractère trempé. S'il est souvent vrai que l'artiste est doté d'une sensibilité particulière, il est pour le moins hâtif et injuste de le cataloguer de la sorte. En revanche, il n'est pas plus acceptable de sa part de se servir de ces *signes distinctifs* pour se dédouaner de ses responsabilités : « Que voulez-vous, je suis comme ça, je n'y peux rien ».

L'Église a besoin de ses artistes et les artistes ont besoin de leur Église ! L'Église doit comprendre combien l'artiste est une personne-clé pour garder la fraîcheur et la spontanéité dans la vie de l'assemblée et dans ses relations avec l'extérieur. En outre, il permet de saisir un peu plus la personnalité artistique du Créateur. De son côté, l'artiste a besoin de l'Église pour se ressourcer, pour descendre un peu de son nuage dans la *vraie vie* et connaître la communion fraternelle indispensable à une vie chrétienne équilibrée. Étant en première ligne dans le combat spirituel, ou dans tous les cas, confronté à des pressions fortes, il a besoin du soutien et de l'encouragement de l'Église qui peut aussi le recommander et prier pour lui.

Faut-il pousser les artistes à chercher un statut juridique (comme intermittent du spectacle en France) ? Quels sont les avantages et les inconvénients ?

Il y a ceux qui évoluent dans le monde séculier et ceux qui concentrent l'essentiel de leur activité dans le milieu chrétien. Dans ce dernier cas, la francophonie a peu de moyens pour faire vivre des artistes à plein temps. En ce qui me concerne, la viabilité financière de mon ministère tient en premier lieu au soutien missionnaire d'amis et d'Églises. Le statut d'intermittent du spectacle apporte un complément non négligeable et permet de ne pas se sentir avec *le couteau sous la gorge* dans les périodes creuses. Faut-il encourager les artistes à rechercher ce statut ? C'est à bien étudier, car c'est une charge administrative importante (licence d'entrepreneur du spectacle à renouveler tous les trois ans, paperasse abondante et services administratifs saturés) ; les conditions et les cotisations évoluent constamment au désavantage des artistes et des employeurs. À terme, personne ne sait combien de temps ce statut va durer. L'expérience peut être tentée à condition de disposer d'une équipe dynamique et volontaire prête à investir temps et énergie pour mettre la machine en route et la faire fonctionner dans la durée.

Certains consacrent un mi-temps dans leur Église en développant l'expression artistique au service de l'évangélisation et peuvent tourner à l'extérieur le reste du temps. C'est une solution intéressante qui présuppose une vision partagée.

Comment promouvoir l'art au travers des nouvelles technologies ? Quid des droits d'auteurs ?

C'est une question qu'il faudrait poser aux plus jeunes, plus à même de maîtriser les outils d'aujourd'hui. La technologie évolue de plus en plus vite et les possibilités se multiplient à vitesse grand V. Il s'agit d'avoir de l'imagination et de discerner ce qui peut être efficace pour chacun. Tous les outils ne sont pas forcément à la portée de tous. Il me semble qu'une clé pour les nouvelles générations est la constitution de réseaux. On le voit avec Facebook, Twitter et autres. L'important n'est pas de beaucoup communiquer, mais de bien communiquer. Si mon message n'émerge pas de la masse d'information qui circule, il sera noyé et restera sans effet. En fait, ce principe est vieux comme le monde : si un prédicateur n'est pas convaincu de l'importance de son message, il perdra très vite l'attention de ses auditeurs.

Pour les droits d'auteurs, il y a plusieurs organismes en place dans le domaine artistique. Pour les auteurs compositeurs et éditeurs de musique, il s'agit de la SACEM qui gère et administre les droits, récoltant les redevances et les redistribuant aux ayants droit. Depuis quelques années, LTC offre au monde chrétien une alternative et gère la question des droits d'auteurs entre les Églises et les auteurs et compositeurs de cantiques.

CHAPITRE 15
Portrait : l'évangéliste implanteur
Jay Penney

Quelle est, selon vous, la différence (ou la complémentarité) entre un évangéliste et un implanteur d'Église ?

Il faut se replonger dans le contexte du Nouveau Testament. C'est un contexte avec de jeunes Églises, de nouveaux croyants, et une multiplication de disciples et d'assemblées. Les Actes des Apôtres décrivent un mouvement spontané d'implantation d'Églises. En Actes 13, on voit la première Église non juive à Antioche, envoyant ses meilleurs leaders en mission pour implanter de nouvelles Églises. Malphurs écrit : « Une lecture soigneuse des Actes révèle que l'Église primitive a répondu au mandat de Matthieu 28 : 18-20 principalement en implantant des Églises[65] ». Tite et Timothée participaient à l'implantation d'Églises de ville en ville avec l'apôtre Paul. Plus tard, Tite et Timothée sont renvoyés pour superviser, rectifier et encourager le développement et la multiplication de ces Églises. Plusieurs prétendent que Timothée avait le rôle de pasteur à Éphèse, mais Paul rappelle à Timothée de faire l'œuvre d'un évangéliste (2 Tim. 4 : 5) et de bien remplir

[65] Aubrey MALPHURS, *Planting growing churches for the 21st century*. Grand Rapids : Baker books, 2004, p. 42.

son ministère qui semble inclure la tâche de stabiliser et développer les Églises dans la région.

Il faut se demander si nous avons bien compris le rôle de l'évangéliste dans le Nouveau Testament. C'est étrange de ne pas trouver le rôle de l'implanteur d'Églises dans les quatre fonctions d'Éphésiens 4 : 11-12, au vu de toutes les Églises implantées partout ! Est-ce que l'évangéliste dans le Nouveau Testament est en réalité un implanteur d'Églises et un superviseur de nouvelles Églises implantées comme Timothée et Tite ? Pour Philippe, à part prêcher l'Évangile, a-t-il aussi implanté des Églises dans sa région ? C'est historiquement le cas, au moins dans la région de Césarée.

Il semble donc que, dans le Nouveau Testament, les évangélistes assumaient des responsabilités plus larges que la simple présentation de l'Évangile aux non-croyants. Le lien entre l'évangéliste et l'implantation est bien démontré par la pratique des apôtres. Aujourd'hui, nous voyons trop souvent des évangélistes qui ont perdu le lien avec l'implantation et des implanteurs qui ont perdu la priorité de l'évangélisation. Les deux vont de pair dans le Nouveau Testament.

Quelles sont les caractéristiques d'un implanteur ?

Au Québec, nous avons catégorisé trois types d'implanteurs :

- L'implanteur classique (entrepreneur, visionnaire, leader charismatique) ;
- L'implanteur « rassembleur » (leader rassurant, travaillant bien en équipe, persévérant) ;
- L'implanteur « directeur spirituel » (don d'hospitalité, vie spirituelle attirante, bon caractère).

Ces trois types d'implanteurs sont capables d'implanter une Église avec une bonne formation et un bon suivi de projet. Le directeur spirituel est capable d'implanter une Église de maison. Le rassembleur est capable d'implanter une Église-fille qui suit de près l'Église-mère ou une Église multisite. L'implanteur classique est capable d'implanter une Église d'une plus grosse taille, une Église pionnière, ou une Église dans un milieu difficile, s'il a toutes les ressources nécessaires. Le type d'implanteur détermine les attentes pour la nouvelle Église et les ressources à investir. Tout implanteur a besoin d'une vie spirituelle solide, d'un appel de Dieu pour implanter (appel de l'implanteur *et* de son épouse !), d'une formation de base. Il doit être capable de former des équipes et bien travailler en synergie avec elles. Il doit manifester une passion pour les âmes qui le pousse vers les « sans Églises » et vers la multiplication des disciples et des Églises.

Faut-il systématiquement penser à intégrer un évangéliste dans son équipe d'implantation ? Si oui, quels profils recherchez-vous ?

Les Églises en phase d'implantation, statistiquement parlant, conduisent beaucoup plus de personnes à Jésus-Christ que les Églises établies. La survie de l'Église en implantation dépend de l'évangélisation, et il faut que le noyau de la nouvelle Église soit apte à incarner l'Évangile et à évangéliser son milieu. Je crois que c'est très difficile de réussir cette mission sans un évangéliste dans l'équipe, qui stimule et forme le noyau et le conduit vers les « sans Églises ». Nous avons une dénomination au Québec qui implante plusieurs Églises et qui veille à la présence d'au moins un évangéliste dans le noyau de chaque nouvelle Église. Là où nous voyons tous les membres du noyau équipés et actifs dans l'évangélisation, nous voyons plus de succès. Bien qu'il y ait des membres du noyau plus doués que d'autres, le fait que tous les membres s'engagent, soient équipés, et participent activement dans l'incarnation et la proclamation de l'Évangile crée une culture d'Église différente d'une Église où l'évangéliste « porte » seul la responsabilité d'évangéliser. Il est avantageux d'avoir un évangéliste formateur, plutôt qu'un simple évangéliste. Une Église fondée sur une culture d'évangélisation et de formation de disciples ressemble bien plus à l'Église du Nouveau Testament !

Comment se former spécifiquement à l'implantation d'Églises ?

Il faut avoir une compréhension de base de l'Église et des principes d'implantation. Plusieurs groupes forment leurs implanteurs par un stage ou un cours sur l'implantation. C'est aussi très utile d'avoir une expérience dans une Église en implantation. Il n'y a rien de tel que le succès pour engendrer le succès ! Un stage officiel ou un rôle de leader dans une Église en implantation produit une expérience précieuse. L'expérience est souvent le meilleur professeur ! Ce fait explique pourquoi il faut que chaque nouvelle Église ait la vision de se multiplier en envoyant des leaders ailleurs pour implanter, comme l'Église d'Antioche l'a fait avec Paul et Barnabas. Il y a aussi des ministères qui peuvent être utiles dans le cadre d'une implantation : leader de jeunesse, responsable pour l'évangélisation, ministère sur le campus. À ne pas négliger dans la constitution de son équipe d'implantation !

CHAPITRE 16
Portrait : l'évangéliste propagateur

Timothée Pomier

Qu'est-ce qu'on entend par « évangéliste propagateur » ou « évangéliste de rue » ?

Le premier cliché qui me vient en tête, à tort, c'est un gars, un peu mal habillé, avec sa guitare, sous la pluie, en train de chanter des vieux cantiques sans que personne ne l'écoute. Cette image n'est pas la réalité de ce qui se passe dans les rues. Il y a des idées reçues qu'il faut effacer sur les évangélistes de rue.

Souvent dans les réunions d'Églises où nous allons, pour témoigner de ce que Dieu fait et encourager à sortir, certaines personnes viennent me voir, me tapent amicalement sur l'épaule et me disent en soupirant : « Aaaaah ! C'est super ce que vous faites, je faisais la même chose quand j'étais jeune, maintenant je me suis calmé » ?! Ces phrases me choquent de plus en plus. Comme si l'évangélisation de rue était réservée à des « jeunes un peu fous » qui ne connaissent pas encore la « dure réalité accablante de la vie chrétienne ». Il n'y a pas d'âge pour parler de Jésus dans la rue, il n'y a pas besoin de stades remplis ou de piano qui accompagne nos paroles pour que les gens soient touchés par la simplicité de l'Évangile.

L'image que j'ai aujourd'hui d'un évangéliste de rue serait plutôt une personne, déterminée à utiliser n'importe quel moyen de communication pour toucher les passants. Du *flyer* à la peinture, tout est utile pour parler de la Bonne Nouvelle dans la rue.

Quelles sont les caractéristiques d'un évangéliste propagateur ?

La première de toutes les caractéristiques d'un évangéliste est la prière. Le temps qu'il passe avec le Père. Ce temps ne doit surtout pas être négligé, car c'est là où l'évangéliste puise son ressourcement et ses ressources.

Je pense qu'être « évangéliste de rue » est un style de vie. Être toujours prêt à parler de Jésus que ce soit organisé ou pas, dans un endroit prévu ou non, avec des amis ou des inconnus.

C'est quelqu'un qui ne craint pas les petits commencements. Aller tout seul dans la rue et parler à des inconnus le place dans des situations inconfortables, mais qui ne lui font pas peur.

Il ne fait que lire et relire des versets comme :

> Cette Bonne Nouvelle du royaume sera prêchée dans le monde entier, pour servir de témoignage à toutes les nations. Alors viendra la fin. – Matthieu 24 : 14

> Je vous le dis en vérité, partout où la Bonne Nouvelle sera prêchée, dans le monde entier, on racontera aussi en mémoire de cette femme ce qu'elle a fait. – Marc 14 : 9

Je crois qu'être évangéliste de rue n'est pas réservé à une élite, mais plutôt à toutes personnes voulant amener le royaume de Dieu à l'extérieur. Que ce soit prêcher dans des squats punk ou parler à un inconnu sur un banc public.

ELAM est un concept d'évangélisation de rue. De quoi s'agit-il ?

À la base, c'était juste un groupe de potes qui aimait faire du rock. Nous avons commencé par prier et nous sommes allés dans la rue. Après un an d'existence, ce groupe avait réuni une vingtaine de passionnés et a pris le nom ELAM. Maintenant, nous sommes une vingtaine de personnes venant de tous horizons évangéliques et nous parlons de Jésus au travers de l'art, de courts témoignages et prédications. Bien sûr, notre but est de communiquer avec les gens qui regardent. Le spectacle n'est qu'un outil pour pouvoir parler de Jésus avec les passants.

Comment mettre en place ce concept dans sa ville ?

Pour pouvoir mettre en place ELAM dans sa ville, il faut avoir pris contact avec l'équipe ELAM Export dans sa ville pour un premier travail d'évangélisation ensemble. Nous demandons qu'une personne sur place donne du temps au leadership. Elle sera accompagnée par ELAM et le groupe en construction bénéficiera d'outils mis à disposition pour l'évangélisation de rue.

ELAM se veut interdénominationnel et rattaché à une pastorale ou un comité de plusieurs pasteurs de différentes Églises de la même ville. Ainsi le groupe peut commencer et grandir dans l'unité.

Quels conseils donneriez-vous à un jeune évangéliste qui souhaite se lancer dans ce ministère ?

Pour commencer un tel ministère, il faut s'entourer de personnes qui soutiennent le ministère et le projet, même si physiquement elles ne sont pas présentes sur le terrain. Ensuite, il faut être en accord avec les responsables de l'Église, ce qui permet de travailler dans une atmosphère saine.

Et avant même de sortir ou de soumettre le projet aux responsables de l'Église, il faut passer du temps dans la prière, dans la proximité avec Dieu et apprendre à connaître son amour pour les personnes perdues. Prier en particulier pour la ville dans laquelle on se sent appelé.

Ne vous découragez jamais ! Même si vous ne voyez personne se tourner vers à Dieu, sa Parole ne retourne jamais à lui sans effet. Les commencements sont souvent petits mais ne demandent qu'à grandir.

Souvenez-vous que Jésus a promis d'être avec nous jusqu'à la fin du monde.

CHAPITRE 17
Portrait : l'évangéliste animateur

Didier Chastagnier

Quelles sont les spécificités du travail d'évangélisation dans le milieu social ?

J'ai acquis la certitude (durant ces douze années de ministère dans les quartiers de Mulhouse et de Strasbourg) que l'Évangile est plus audible pour beaucoup de nos contemporains lorsqu'il s'incarne dans des gestes concrets et visibles, en particulier au service de l'humanité souffrante. Je suis très interpellé par ce verset de Jean 1:14 : « Et la Parole a été faite chair, elle a habité parmi nous, pleine de grâce et de vérité ». La Parole ne s'est pas donnée au monde par l'intermédiaire d'un grand haut-parleur dirigé depuis le ciel jusqu'à la terre, venant d'un Dieu lointain, étranger aux préoccupations quotidiennes et aux souffrances de notre monde. Jésus, la Parole, est venu habiter parmi nous. Le terme exact est : tabernacler, planter sa tente, au milieu de nous. Il est devenu la Parole en action, la Parole que l'on voit vivre. Un jeune des quartiers m'a dit un jour, lors d'un échange sur ma foi : « J'ai envie d'écouter ce que tu dis parce que je te vois vivre ce que tu dis ». La main tendue, au nom de l'Évangile, même pour le plus petit geste de solidarité, comme partager une animation avec des enfants dans un quartier sensible, est une prédication vivante et incarnée : « N'aimons pas [seulement] en paroles [...], mais en actions » (1 Jean 3:18).

Comment garder l'équilibre entre évangélisation et souci d'une démarche socioprofessionnelle ?

Lorsque nous avons commencé une œuvre comme celle d'Action Quartiers, nous l'avons fait parce que nous avons été émus par le besoin et les blessures de la jeunesse des quartiers. Ce besoin a créé notre appel. Nous lisons en Marc 8 : 2 : « Je suis ému de compassion pour cette foule : car voilà trois jours qu'ils sont près de moi, et ils n'ont rien à manger ». Le terme exact, ici, c'est : « Je suis ému jusqu'aux entrailles ». Jésus, rempli de compassion, a alors nourri ces 4 000 personnes grâce aux sept pains donnés par les disciples ! Notre rôle n'est pas seulement de proclamer la Parole, mais aussi d'agir sur l'environnement qui asservi, emprisonne la personne, l'empêchant de recevoir cet Évangile libérateur. Il est donc important dans l'Église d'avoir des évangélistes animateurs, des travailleurs sociaux, des œuvres compétentes, reconnues, qui, avec humilité, agiront « gratuitement », sans rien attendre en retour, pour soulager l'humanité souffrante, dans un contexte laïc et multiculturel. C'est la richesse des dons de l'Église qui servent, dans leur diversité, à l'avancement du royaume de Dieu. J'aime ce passage : « J'ai planté, Apollos a arrosé, mais Dieu a fait croître, en sorte que ce n'est pas celui qui plante qui est quelque chose, ni celui qui arrose, mais Dieu qui fait croître » (1 Corinthiens 3 : 6-7). L'essentiel, c'est que chacun soit convaincu, que dans son rôle, il contribue à l'avancement du royaume. Ces paroles de William Booth, fondateur de l'Armée du Salut, illustrent bien ceci :

> Tant que des femmes pleureront, je me battrai ;
> Tant que des enfants auront faim et froid, je me battrai ;
> Tant qu'il y aura dans la rue une fille qui se vend, je me battrai ;
> Tant qu'il y aura des hommes en prison, et qui n'en sortent
> que pour y retourner, je me battrai ;
> Tant qu'il y aura un être humain privé de la lumière de Dieu,
> je me battrai ;
> Je me battrai, je me battrai, je me battrai.

L'évangéliste animateur doit-il chercher à intégrer des associations existantes, ou fonder la sienne ?

Le titre le plus glorieux que nous devons rechercher est celui de serviteur. Après avoir lavé les pieds de ses disciples, Jésus leur dit : « Je vous ai donné un exemple, afin que vous fassiez comme je vous ai fait. En vérité, en vérité, je vous le dis, le serviteur n'est pas plus grand que son seigneur, ni l'apôtre plus grand que celui qui l'a envoyé » (Jean 13 : 15-16).

Nous sommes « sauvés pour servir ». Autrement dit, nous nous mettons au service de cette humanité souffrante. Nous devons donc avant tout regarder où sont les besoins, comment y répondre et ce qui est déjà mis en place pour y répondre. Il n'est pas utile, par exemple, de mettre en route une action déjà largement couverte par d'autres associations dans un quartier ou une ville, alors que celles-ci manquent d'aides, de bénévoles ou de salariés compétents. Le meilleur des témoignages sera d'œuvrer au sein de ces associations existantes et de briller en faisant la différence dans notre service. Nous devrions plus enseigner la culture du bénévolat dans nos milieux évangéliques. Nous réduisons souvent nos engagements dans des actions spécifiques de l'Église, mais nous pouvons être témoins au sein d'associations comme les Restos du cœur, la banque alimentaire, etc., qui œuvrent parfois dans nos quartiers. Il nous faut apprendre à devenir « le prochain », selon l'enseignement de Jésus dans la parabole du bon samaritain : « Lequel de ces trois te semble avoir été le prochain de celui qui était tombé au milieu des brigands » (Luc 10 : 36) ? Nous pouvons devenir un voisin (prochain) qui s'engage dans les associations de son quartier ou de sa ville. Par contre, si le Seigneur a mis en nous un appel pour répondre à un besoin auquel personne ne répond, nous devons nous mettre en route, comme nous l'avons fait pour les animations de rue dans les quartiers sensibles.

Quels conseils donneriez-vous à une Église qui souhaite démarrer un ministère type Action Quartiers dans sa ville ?

Il faut tout d'abord apprendre à aimer le quartier dans lequel nous voulons intervenir. Sans amour, nous ne pourrons rien faire, car la tâche est rude et difficile. Nous devons prendre le temps de connaître ce quartier, d'y marcher, de rencontrer les habitants, les associations, les Églises qui interviennent parfois déjà en son sein. Il ne faut pas se prendre pour Zorro ou le super héros qui vient sauver un quartier dans lequel personne ne fait rien pour soulager les souffrances. C'est souvent faux. Il y a des hommes et des femmes exceptionnels, des associations qui agissent souvent depuis des années au service de la population. Ces personnes ou ces œuvres sont parfois essoufflées ou découragées. Nous ne devons pas apparaître alors comme des nouveaux arrivants « donneurs de leçons » dans ces quartiers, mais comme des serviteurs aimants, respectueux, reconnaissant ce qui est déjà accompli et venant compléter les actions menées dans le quartier.

Il nous faut enfin rester humbles dans nos objectifs, et patients. Les résultats ne sont pas immédiats, et pas toujours spectaculaires. On demandait un jour à mère Teresa si elle ne se décourageait pas dans sa tâche ingrate et apparemment si peu fructueuse au début de son ministère en Inde. Elle a répondu : « Dieu ne m'a pas appelée au succès, mais au ministère d'amour et de service ». On sait quel impact a eu par la suite ce ministère !

CHAPITRE 18

Portrait : l'évangéliste apologète

Aurélien Lang

Quelles sont les caractéristiques de l'évangéliste apologète ?

« Si Dieu existe, pourquoi tant de souffrances ? »

« Pourquoi un Dieu et tant de religions ? »

Nous avons tous déjà entendu ces objections à la foi chrétienne dans notre vie de témoin de l'Évangile. L'apologète cherche à offrir des réponses aux questions qui tuent !

Quels sont les fondements de l'apologétique ? Je propose de les établir à partir du texte-clé de 1 Pierre 3 :15 : « Mais sanctifiez dans vos cœurs Christ le Seigneur, étant toujours prêts à vous défendre avec douceur et respect, devant quiconque vous demande raison de l'espérance qui est en vous ».

• **Conviction** : « Mais sanctifiez dans vos cœurs Christ le Seigneur ». L'apologète confesse la Seigneurie de Jésus-Christ. Cette confession conduit à une vie qui interpelle nos contemporains. L'attachement au Christ n'est pas un secret. Il aime le Seigneur et ça se voit !

• **Contenu**: parce que ses convictions gagnent et dérangent, il se tient sur le qui-vive, prêt à tout moment à formuler une *apologie*, c'est-à-dire une *défense* de sa foi (d'où le terme « apologétique »). Les gens réclament des justifications, des explications ou des raisons de croire. L'apologète s'efforce d'offrir des réponses pertinentes et percutantes aux questions difficiles perçues comme des obstacles à la foi. Il ne suscite pas la foi, il crée un environnement favorable à l'éclosion de celle-ci[66].

• **Caractère**: « faites-le avec douceur et respect, [...] et crainte en ayant une bonne conscience ». L'apologète se veut rassurant. Son but n'est pas de fermer le clapet du sceptique. L'agressivité ou la manipulation sont proscrites. L'humilité et la douceur caractérisent ses réponses aux questions. Sa cohérence est d'ailleurs mise au défi par ses contradicteurs (1 Pi. 3:16).

• **Contexte**: en élargissant le champ de l'étude, on remarque que le contexte de l'apologète est la communauté chrétienne (1 Pi. 2:9-11). Il n'opère pas en solo: « La communauté est l'apologétique ultime » écrivait Francis Schaeffer[67]. L'Église est le principal média de Dieu. Elle est une « herméneutique de l'Évangile[68] », elle est une incarnation de l'Évangile de Jésus-Christ (1 Jean 4:12; Jean 13:35).

Quel aspect de l'Évangile touche le plus nos contemporains?

Je pense que nos contemporains sont attirés par le fait que *l'Évangile les place devant une décision personnelle*: « Il existe l'idée que si l'on s'exprime, on sera écouté [...]; cela permet aux gens de reprendre contrôle de leur vie religieuse » observe le sociologue Sébastien Fath[69]. On ne naît pas chrétien, on le devient.

---

[66] Alister McGrath, *Jeter des ponts*. Québec: La Clairière, 2002, p. 83.

[67] Francis Schaeffer, *La marque du chrétien*. Télos, 1973, p. 21.

[68] Leslie Newbigin, *The Gospel in a pluralist society*. Grand Rapids: Eerdmans, 1989, p. 234.

[69] Flora Genoux, « Comment l'Église évangélique conquiert les Français », *Le Monde*, 2 février 2012, mis à jour le 7 mars 2012 [En ligne]. URL: <http://www.lemonde.fr/societe/article/2012/02/02/comment-l-eglise-evangelique-conquiert-les-francais_1637431_3224.html#ens_id=1637398> (page consultée le 2 octobre 2012).

L'Évangile met aussi l'accent sur *la relation personnelle avec Dieu et les autres*. L'individu est sauvé pour entrer en relation avec Dieu dans un corps de croyants. Dans un monde où l'on se sent de plus en plus isolé, l'Église se démarque par la « mise en place de sociabilités très chaleureuses [...] : c'est l'image de la famille que l'on n'avait pas[70] ».

Enfin, je crois que *l'Évangile répond de manière pertinente aux questions existentielles* de nos amis non chrétiens. Un soir, mon voisin frappe à ma porte pour parler : « Mon oncle est décédé, je me pose beaucoup de questions sur la vie ». Malgré le confort relatif dans lequel nous vivons, la réalité nous rattrape tous. La maladie, la mort et les catastrophes naturelles sont les « mégaphones » de Dieu pour « réveiller un monde sourd » selon les mots de C. S. Lewis[71]. Comme le dit si bien Ravi Zacharias, l'apologétique, c'est faire une taille franche dans le buisson du doute pour que le sceptique ait une bonne vue sur la croix. Nous devons montrer en utilisant un langage simple, dépouillé de connotations religieuses, que l'aspiration ultime de l'être humain est de connaître Dieu et que cette relation n'est possible qu'au travers de Jésus-Christ.

Comment annoncer Christ dans un siècle dominé par le matérialisme ?

Les spécificités de l'Évangile sont tout simplement renversantes !

En premier lieu, Christ rend plus riche que le riche. Le Mouvement de Lausanne[72] a justement rappelé que le bien-être spirituel ne peut pas se mesurer en termes de bien-être matériel, ou que la richesse n'est pas toujours un signe de bénédiction de Dieu[73].

---

70 Ibid.

71 Clive Staples (C.S.) LEWIS, *Le problème de la souffrance*. Paris : Desclée de Brouwer, 1967, p. 128.

72 Le Mouvement de Lausanne est un mouvement mondial évangélique qui mobilise les responsables chrétiens à collaborer pour l'évangélisation du monde.

73 MOUVEMENT DE LAUSANNE, *L'Engagement du Cap*, op. cit., V.5.A., « Appeler l'Église du Christ à revenir à l'humilité, l'intégrité et la simplicité ». Cf. aussi CONSEIL NATIONAL DES ÉVANGÉLIQUES DE FRANCE (Cnef), *La théologie de la prospérité*. Marpent : BLF, 2012.

Le message de l'Évangile parle bien de richesse, mais il ne s'agit pas forcément de richesse matérielle. D'un point de vue biblique, chaque être humain est un adorateur. Mais le cœur de l'homme déchu est une fabrique d'idoles[74]. Nous chérissons, célébrons et adorons des choses créées au lieu de réserver notre adoration au Dieu unique (Rom. 1:21-23). Les richesses en font partie. La crise financière qui frappe actuellement l'Europe a montré la fausseté et la dureté de ce dieu de pacotille. L'argent ne pardonne pas la faillite. Le travail de l'apologète est de discerner, débusquer et démonter ces idoles pour ensuite présenter toute la beauté, la perfection et la satisfaction qu'offre Jésus-Christ.

En second lieu, l'Évangile est subversif. Plus nous goûtons à la grâce de Dieu, plus notre regard sur les richesses change. La course au confort matériel n'est plus l'aspiration ultime. Dieu reprend toute sa valeur. Les euros pâlissent devant la gloire du Christ ressuscité !

Comment parler de l'exclusivité du salut en Christ dans un monde postmoderne ?

Affirmer que Jésus est le seul chemin pour aller vers Dieu, c'est prendre le risque de déclencher un tsunami dans une conversation. Pourquoi ? Et comment en parler ?

Tout d'abord, pour nos amis postmodernes, l'exclusivisme est moyenâgeux. Il est combattu par le relativisme : tous les points de vue se valent, il faut donc être « tolérant ». Cette « tolérance » est tout aussi exclusiviste que les religions qu'elle veut réduire au silence. C'est l'arroseur arrosé. Le relativisme ne peut pas non plus faire abstraction d'une vérité exclusive. Il contraint les autres de se ranger à son point de vue, sous peine d'exclusion !

Ensuite, notre argumentation doit être rassurante. On divise classiquement le monde en deux. Soit on est exclusiviste, soit on est relativiste. Dans le premier cas, c'est un déchaînement de haine et de guerre. Dans le second cas, tout le monde a raison, on est tolérant et on peut tous vivre en paix. Comme nous l'avons vu, il s'agit en fait d'un exclusivisme déguisé ne supportant pas les contradicteurs. Je crois qu'il existe une troisième voie : le christia-

[74] Jean CALVIN, *L'Institution chrétienne*, I.1.8. Aix-en-Provence : Kerygma, Charols : Excelsis, 2009, p. 68.

nisme. Les chrétiens adorent un Dieu qui est mort par amour sur la croix pour pardonner ceux qui le haïssaient. L'Évangile mène les chrétiens sur un chemin fréquenté par aucune autre religion : l'amour radical du prochain, quel qu'il soit.

En dernier lieu, dans notre contexte postmoderne, les gens privilégient l'expérience spirituelle à l'évaluation rationnelle de la foi. Par exemple, je ne comprenais pas pourquoi mes amis non chrétiens n'acceptaient pas la loi de non-contradiction : « A n'est pas égal à non-A ? Je m'en fiche, tant que ça marche pour moi ! » C'est une caractéristique de la postmodernité : nos contemporains sont pragmatiques et relativistes. Ils « confessent » ce qui « marche pour eux ». Ils n'examinent pas leurs convictions d'un point de vue détaché et intellectuel.

Par conséquent, il me semble que la clé de la communication de l'Évangile, c'est l'authenticité... révélée notamment dans la communauté ! Les gens n'écoutent pas seulement, ils observent. Si notre vie ne colle pas à nos convictions, l'Évangile ne sera même pas une option pour nos concitoyens.

CHAPITRE 19
Portrait : l'évangéliste gagneur d'âme

Rebecca Taylor

Comment développez-vous des contacts avec des non-chrétiens ?

D'abord, je prie ! Que Dieu me mette en contact avec les hommes et les femmes de paix qui ont déjà un cœur ouvert à Dieu et qui sont prêts à en découvrir plus sur Jésus. Voilà comment je prie, par exemple :

« Seigneur, je sais que tu es déjà à l'œuvre dans la vie de beaucoup d'hommes et de femmes qui ne te connaissent pas encore personnellement. Guide-moi vers ceux qui sont prêts à en apprendre plus sur toi et utilise-moi comme tu veux pour être quelqu'un qui aime mes prochains comme tu les aimes. Donne-moi les bonnes paroles pour faire connaître avec assurance le mystère de ton Évangile. Amen. »

Ensuite, j'essaie de construire une amitié avec ceux qui sont autour de moi. Je n'attends surtout pas que les non-chrétiens franchissent la porte de l'Église pour les rencontrer. Je fréquente les endroits où ils sont. Je vais au café, fréquente un club de course à pied, je parle avec mes voisins dans la rue, les commerçants, etc. Je crée des relations naturelles autour d'un café en ville, un repas entre amis chez moi, j'organise des sorties. Bref, j'essaie d'aimer mes prochains comme Dieu les aime !

Par quoi commencez-vous lorsqu'une personne souhaite en savoir plus sur la foi ?

Dès qu'une personne s'intéresse à la foi, je l'invite à lire la Bible avec moi. Je lui propose de commencer par les sept miracles de l'Évangile selon Jean. On se retrouve autour d'un café pendant sept semaines, à raison d'une heure. Je lui demande de lire chaque semaine un miracle, et de réfléchir aux quatre questions suivantes :

- Qu'est-ce que ce miracle t'apprend sur Jésus ?
- Qu'est-ce que ce miracle t'apprend sur les hommes en général ?
- En quoi cette histoire te parle-t-elle ?
- Avec qui pourrais-tu partager cette histoire ?

Je laisse le Saint-Esprit agir à travers la Parole. Cette idée est proposée par Neil Cole dans son livre *Une Bible, du café... des disciples*. Par expérience, je peux dire que la personne est rapidement confrontée à la personne de Jésus au travers de la lecture de ces textes. À la fin des sept semaines, je demande tout naturellement si la personne veut croire et mettre sa confiance en Jésus-Christ.

J'essaie aussi de présenter cette personne à d'autres amis chrétiens. Il est important qu'elle puisse voir la foi et l'amour vécus au sein d'une communauté de disciples. Jésus lui-même a dit : « Tous connaîtront que vous êtes mes disciples, si vous avez de l'amour les uns pour les autres » (Jean 13 : 35). Pour faciliter le contact, je l'invite chez moi autour d'un repas auquel j'invite les amis chrétiens. Je l'invite aussi très tôt à vivre un culte dans notre Église.

Que faire avec une personne qui souhaite rester votre amie, sans vouloir aller plus loin ?

Le fait qu'une personne ne veuille pas aller plus loin n'a aucun effet sur mon amitié pour elle. Je suis amie avec elle parce que je choisis d'être son amie. Nous nous entendons bien, nous nous aimons telles que nous sommes. Les gens ne sont pas des projets d'évangélisation. Il ne faut jamais forcer les gens à aller plus loin qu'ils ne le veulent dans leur foi. C'est leur choix personnel et il faut le respecter.

Il faut aussi se souvenir du fait que ce n'est pas nous qui pouvons convaincre quelqu'un de suivre Jésus, c'est le rôle de l'Esprit saint. Nous sommes appelés à présenter Christ à la personne et à l'aimer comme nous-mêmes. La fidélité dans l'amitié est importante.

Si quelqu'un ne veut pas aller plus loin, cela ne signifie pas qu'on doit laisser Dieu de côté dans nos conversations. Je continue à témoigner de Dieu quand les occasions se présentent. Je continue à prier pour elle parce que nous ne savons jamais quand elle aura à nouveau soif d'aborder le sujet pour en savoir plus.

Jusqu'où va la responsabilité de l'évangéliste gagneur d'âme dans la démarche spirituelle d'une personne ?

Jésus commande à ses disciples de faire des disciples, c'est-à-dire de les baptiser et de leur apprendre à observer tout ce qu'il leur a prescrit (Matt. 28:19-20). En tant qu'évangéliste gagneur d'âme, j'ai donc aussi la responsabilité d'accompagner la personne dans sa démarche spirituelle *après* sa conversion.

Dans notre Église, la notion de discipulat est très importante. Nous formons de nouveaux disciples en étudiant des passages de la Bible ensemble. Nous leur enseignons non seulement qui est Dieu, mais surtout comment avoir une relation intime avec lui et comment mettre en pratique ses commandements. Cette formation un-à-un s'appelle Leçons de vie spirituelle, et dure treize semaines. Au cours de cette formation, nous les baptisons. C'est une tradition chez nous : la personne qui amène quelqu'un à Christ le baptise, en compagnie de la personne qui le forme spirituellement. Du coup, des mamans se retrouvent dans le lac baptisant leur enfant ! Quelle joie !

Pour grandir spirituellement nous devons tous pouvoir confesser nos péchés à d'autres et être redevables. Nous avons mis en place dans notre Église des groupes de croissance[75] pour

---

[75] Cf. Neil Cole, *Une Bible, du café... des disciples : Vers une multiplication de disciples*. Lyon : CLÉ, 2009, 226 p. Neil Cole encourage la création simple, biblique

grandir spirituellement. Un groupe de croissance est constitué de deux ou trois personnes maximum qui se rencontrent toutes les semaines pour lire la Bible, confesser leurs péchés et prier pour leurs amis qui ne connaissent pas encore le Seigneur. Une fois que le disciple a fini son parcours de Leçons de vie spirituelle, il intègre tout naturellement un groupe de croissance. C'est seulement alors que notre travail un à un prend fin.

Il n'est pas rare que dans une même semaine, je fasse les sept signes de Jean avec une personne, tout en conduisant une autre dans les « Leçons de vie spirituelle », tout en démarrant un nouveau groupe de croissance, le tout avec de nouvelles amitiés ! Bref, la *bella vita* !

---

et reproductible de « groupes de croissance » pour changer des vies et favoriser la multiplication de disciples. Cf. la page dédiée au livre sur le site des éditions CLÉ. URL : <http://www.editionscle.com/commerce/catalog/product_info.php/products_id/377> (page consultée le 25 octobre 2012).

CHAPITRE 20
Conclusion
Carnet de route d'un jeune évangéliste : Philippe Monnery

Noël 1999. Je participe à un camp de ski à Chambéry avec mon groupe de jeunes. L'orateur est un Suisse allemand. Il a beau parler français, je ne comprends rien. Si ce n'est cette phrase qu'il répète tout le temps : « Changeons la vie pour l'an 2000 », slogan choisi à l'époque par la marque Auchan.

Changer, pourquoi ? Je vais à l'Église depuis mon plus jeune âge, je connais la chanson. J'ai d'ailleurs plusieurs fois prononcé cette prière : « Seigneur, je suis pécheur, je crois que tu es mort pour moi, sauve-moi ». Alors, pourquoi changer ? Je suis chrétien, tout va bien.

J'ai le blues. Ma vie est fade. J'ai beau connaître le message et les histoires d'Adam jusqu'à Paul. Au fond, tout ça, c'est juste théorique. La réalité c'est que je suis loin de tout ça. Perdu. Désemparé.

Il y a le Philippe du dimanche et le Philippe de la semaine. Il y a le Philippe qui connaît sa Bible et le Philippe qui ment et qui vole. Le Philippe qui dit croire en Jésus et le Philippe qui salit le nom de Jésus.

Mes belles paroles n'y font rien, je suis loin de Dieu. Mes fréquentations m'entraînent sur le mauvais chemin, mon péché m'emprisonne. J'ai entendu parler de Christ, mais je ne le connais pas.

Une voix murmure dans ma tête : *Il faut que ça change !* Seul dans ma chambre, j'ouvre la Bible que ma tante m'a offerte quelques années auparavant. Je lis dans le livre des Proverbes ceci :

> Mon fils, si des pécheurs veulent te séduire, ne te laisse pas gagner. S'ils disent : Viens avec nous ! [...] Mon fils, ne te mets pas en chemin avec eux, détourne ton pied de leur sentier ; car leurs pieds courent au mal. – Proverbes 1 : 10-16

Je réalise à quel point je suis loin de Dieu, mes pieds courent au mal et je me dirige vers le juste jugement de Dieu. Une profonde conviction de péché m'envahit et je plie le genou devant ce Dieu qui a donné son Fils pour moi.

Automne 2000. Premiers pas dans la foi, je passe beaucoup de temps à témoigner auprès de mes amis non chrétiens. Dieu a changé ma vie et je souhaite partager cet événement.

Je lis la biographie d'Hudson Taylor, découverte dans la bibliothèque familiale. La vie de cet homme m'interpelle : sa foi, son zèle, son cœur pour les perdus. La biographie reprend un grand nombre de ses lettres, une phrase retient mon attention :

> De tous côtés des âmes périssent faute de connaître la vérité. Comment pouvons-nous rester assis sans rien faire, sans que le sang de ces populations ne retombe sur nos têtes ?

Cette phrase me percute. La mission est immense et je veux y consacrer ma vie. Toute ma vie.

Je participe à un camp d'évangélisation à Chambéry. Devant moi, un jeune est en larmes. Il vient d'assister à notre spectacle de rue et il est touché par le message de l'Évangile. Je lui parle du changement que Dieu veut opérer dans sa vie s'il lui ouvre son cœur.

Quelques jours plus tard lorsque je rentre chez moi, je lance à ma mère : « Maman, je veux être missionnaire ! » Son regard est surpris. Je ne le sais pas encore, mais cela fait des années qu'elle prie pour que je sois pleinement consacré à Dieu.

Printemps 2004. Dieu poursuit son œuvre en moi. Cela fait maintenant deux ans que je prêche à l'Église. J'ai eu l'occasion de participer à plusieurs campagnes d'évangélisation et je sers pendant mes vacances et mes week-ends dans un centre de vacances où Dieu m'a permis d'amener plusieurs âmes à Christ. Le désir de le servir est toujours là.

J'aimerais entrer à l'institut biblique en septembre, Bac en poche. Hélas! La porte se ferme. À la rentrée, j'entre en math sup., à Saint-Étienne. Je prêche toujours dans mon Église, mais je n'ai plus l'opportunité de travailler en centre de vacances le week-end. Je tourne en rond. Avec quelques amis, je décide de monter une petite association locale pour organiser des actions dans les rues de la ville avec des jeunes de plusieurs Églises. Nous mettons sur pied des événements réguliers. Mon réseau s'étend à d'autres Églises locales de la région.

Notre action d'évangélisation se développe progressivement. J'ai le désir d'encourager d'autres jeunes à se lever. Je décide alors d'organiser un premier camp d'évangélisation pour former des jeunes et engager une action d'évangélisation concentrée sur une semaine. Tandis que je cherche des intervenants, je rencontre, à l'occasion d'un congrès de jeunesse, Raphaël Anzenberger, évangéliste à France Évangélisation. Nous parlons cinq minutes, et il accepte de venir comme orateur.

Printemps 2006. Notre premier camp d'évangélisation se termine. Nous avons vu Dieu agir puissamment! Plusieurs personnes ont été touchées par l'Évangile. Dieu a ouvert les portes pour que nous puissions évangéliser dans différents lieux publics dont le cinéma de la ville. Les jeunes présents sont repartis encouragés.

Alors que Raphaël s'apprête à repartir chez lui, il me glisse qu'il s'apprête à lancer un réseau de jeunes évangélistes et qu'il aimerait que j'en fasse partie. Serait-ce le début de quelque chose de plus grand ?

Quelques mois plus tard, j'arrive en Touraine avec 4 heures d'avance pour le week-end de rentrée de la première promotion du Réseau des évangélistes émergents (R2E). Je ne sais pas encore à quoi cela va ressembler, mais le programme est alléchant. Pour la première fois, je vais rencontrer d'autres jeunes évangélistes et nous serons accompagnés d'un mentor, Alain Stamp.

Été 2008. Je termine le programme R2E, renforcé dans ma vision, avec de bonnes fondations pour le ministère. J'ai pris confiance dans l'appel de Dieu pour ma vie et je suis encouragé par les relations avec mes pairs et mes mentors. Lors de la deuxième année, nous avons pu travailler à notre plan de développement de ministère et j'ai hâte que tout cela se mette en place.

Mon ministère se développe et je rentre comme évangéliste associé à France Évangélisation. Cela fait maintenant quatre ans que j'organise des camps d'évangélisation à Saint-Étienne, et je commence également à avoir des invitations pour aller prêcher dans d'autres Églises. L'amour de Christ me presse.

Diplôme en poche, je commence à travailler comme ingénieur commercial. Beaucoup m'ont encouragé à avoir une expérience professionnelle avant de me lancer à plein temps dans le ministère. J'ai envie d'être témoin au travail. Mais mes aspirations ne collent pas à la réalité. La moisson n'est pas au rendez-vous. Difficile d'œuvrer entre deux réunions. Je tourne en rond au boulot. Depuis quelques mois les sollicitations pour prêcher se multiplient. Je ne comprends plus rien. Brouillard.

Automne 2010. Alain, Raphaël, Saotra (un camarade de promo du R2E) et moi partons au Cap pour assister au troisième congrès de Lausanne pour l'évangélisation mondiale. Je réalise à quel point la mission est grande, je constate aussi le zèle d'évangélistes du monde entier et la grandeur du Dieu qui les accompagne. Voilà mon rêve : donner ma vie pour Christ afin d'amener l'Évangile plus loin. Je repense à Hudson Taylor...

Printemps 2011. L'Église locale grandit, et je suis amené à prendre de nouvelles responsabilités. Entre l'Église et les sollicitations extérieures, il m'arrive de donner jusqu'à trois prédications et études par semaine, tout en ayant mon travail séculier à côté. La fatigue se fait sentir, tout cela devient un poids pour la famille qui vient d'accueillir notre premier enfant. L'emploi du temps est trop lourd, il faut délester. Encore une fois, l'amour de Christ me presse : je vois les âmes se tourner vers lui et je veux m'engager dans la moisson à plein temps. *Seigneur, que veux-tu vraiment ?*

Personne ne peut prendre la décision à ma place, c'est à moi de franchir le pas. Je me risque et décide de poser ma candidature pour rentrer à France Évangélisation comme évangéliste à mi-temps.

Hiver 2011. Je continue dans mon travail séculier. Les recherches de travail à mi-temps n'ont rien donné. Je ne peux toujours pas démarrer à France Évangélisation. Pourtant, je reste convaincu que Dieu orchestre tout, il me l'a montré par le passé. Spirituellement, je vais bien, mais une certaine fatigue s'est installée : les mois à cumuler travail séculier et ministère se font sentir. Je me sens stressé, chargé. Je passe par une période sombre.

Comme chaque année, j'ai rendez-vous au Forum des évangélistes qui a lieu, cette année, en Belgique. Je suis tellement mal que j'y vais presque à reculons. Sur place, j'apprécie de revoir des amis ainsi que d'entendre les messages de l'orateur Stephen Lungu. Hélas ! Cela ne parvient pas à me rebooster, je me sens vide et incapable de repartir. Et pourtant Dieu a prévu un rendez-vous.

Lors du culte de clôture, Stephen Lungu parle de la manière dont Dieu nous forme au ministère. Les ténèbres, l'attente, l'inconfort, la réussite des autres, autant de disciplines spirituelles qui forgent l'évangéliste dans son appel. Cet homme venu du bout du monde est en train de dépeindre ma vie ! Il parle des aigles en Ésaïe 40. Il explique comment la mère se jette sur ses petits, détruit le nid, puis les jette dans le vide pour qu'ils puissent voler, et voler encore plus haut. Ténèbres, attente, inconfort, réussite des autres : voici la raison de ses disciplines dans ma vie !

Brisé, touché par l'amour de Dieu, je rentre fatigué… mais restauré ! Au milieu des nuages noirs, un rayon de soleil a percé. Dieu est aux commandes de mon ministère.

Printemps 2012. La flamme est renouvelée et surtout une conviction est née dans mon cœur et dans celui de mon épouse. Dieu nous appelle à faire un pas de foi en plus. Je sens que je dois quitter mon travail et que lui s'occupera du reste.

Je rencontre mon supérieur pour expliquer mon projet. À ma grande surprise, il me félicite et accepte l'idée d'une rupture à l'amiable. Dans les semaines qui suivent, les confirmations pleuvent. Des portes s'ouvrent pour le soutien financier et pour l'annonce de l'Évangile à plein temps.

Je regarde en arrière. Je repense à ces onze années écoulées depuis ce jour où Dieu m'a adressé son appel. Onze ans de joie, de victoire et de formation. Onze ans de questionnements, de batailles et de frustration. Onze ans de ténèbres, d'attente, d'inconfort, à contempler la réussite des autres.

Onze ans qui m'ont appris ceci : lorsque Christ appelle, il appelle vraiment, mais son appel doit être motivé par sa personne, indépendamment des circonstances. Sa discipline n'est pas là pour me disqualifier, mais pour m'apprendre à compter davantage sur lui afin de voler plus haut.

Dieu ne peut m'utiliser que lorsque le ministère n'est plus *mon* projet mais *son* projet.

PHILIPPE MONNERY

* * * * *

J'aime l'histoire de Philippe.

À vingt-cinq ans, il incarne le visage d'une génération montante qui souhaite se consacrer pleinement à l'évangélisation du monde. Ce sont les Hudson Taylor du XXIe siècle.

Bill Jones, mentor et professeur d'évangélisation à CIU, me répétait régulièrement : « Ne te préoccupe jamais de l'amplitude de ton ministère, mais toujours de la profondeur de ta relation avec Christ. De la profondeur de ton intimité découlera l'impact de ton ministère». C'est pour cela que je me réjouis (secrètement), lorsque je vois de jeunes évangélistes passer par les ténèbres, l'attente, l'inconfort, à en être jaloux de la réussite des autres. Je me dis que Dieu n'a pas fini d'appeler... *certains comme évangélistes*.

RAPHAËL ANZENBERGER

ANNEXE 1

Le Plan de développement personnel (PDP)

Nom :

Année :

Mentor :

1. Objectifs liés à la piété (au moins deux)
2. Objectifs liés à la vie de couple (pour les fiancés ou les mariés) (au moins deux)
3. Objectifs pour toi-même : hobby, sport, loisirs, etc.
4. Dans quel domaine penses-tu être en danger ?
5. Compétences à acquérir (partie théorique)
6. Formations sur le terrain à compléter (partie pratique)
7. Mesures à prendre pour accroître ma confiance dans le ministère que Dieu m'a confié
8. Besoins à combler en termes de suivi (coaching, mentorat)
9. Ouvrages à lire (séculiers ou chrétiens)
10. Relations professionnelles et amicales à développer (collègues, autres)
11. Cibles à atteindre :
    - Comment sauras-tu que tu as atteint ces objectifs ?
    - Quels résultats concrets attends-tu ?
    - Quels problèmes ou situations t'empêcheraient d'atteindre tes objectifs ou le plan de se dérouler ?

ANNEXE 2

Se poser les questions qui dérangent

Extrait de *Without blame*, par le Dr Bill Jones, aux éditions Crossover communications international. Utilisé avec permission. Traduction libre.

1. Heureux ceux qui sont conscients de leur pauvreté spirituelle (Matt. 5:1-3)

- Es-tu fier ?
- Te vantes-tu de ta personne ?
- Mets-tu tes désirs avant ceux de Christ ?

2. Heureux ceux qui sont dans l'affliction (Matt. 5:4)

- Manques-tu d'attention envers ceux qui sont dans le besoin ?
- Es-tu insensible au péché ?
- As-tu perdu le désir de voir tes amis venir à Christ ?

3. Heureux ceux qui sont humbles et doux, qui renoncent à leurs droits (Matt. 5:5)

- As-tu été insensible aux besoins émotionnels des autres ?
- Es-tu arrogant et non attentionné ?
- Blesses-tu autrui par inadvertance ?

4. Heureux ceux qui aspirent de toutes leurs forces à vivre comme Dieu le demande (Matt. 5:6)

- Désires-tu être plus heureux que saint ?
- As-tu perdu le désir d'être pieux ?

- Restes-tu attaché à la nécessité de marcher de manière droite ?

5. Heureux ceux qui ont un cœur compatissant, sensible à la misère d'autrui (Matt. 5:7)

- Existe-t-il quelqu'un envers qui tu as manqué de miséricorde ?
- Aimes-tu voir les autres souffrir ?
- As-tu manqué d'être généreux envers les moins fortunés ?

6. Heureux ceux qui sont sincères et droits (Matt. 5:8)

- Est-ce que tes motivations sont pures ?
- As-tu manipulé autrui ?
- Souhaites-tu l'approbation des autres ?

7. Heureux ceux qui répandent autour d'eux la paix (Matt. 5:9)

- Es-tu en conflit avec ta famille ou tes amis ?
- Essaies-tu toujours d'avoir le dernier mot ?
- Es-tu réticent à dire : « Je te demande pardon » ?

8. Heureux ceux qui sont opprimés pour avoir fait ce que Dieu demande [ ]. Oui, réjouissez-vous et soyez heureux. (Matt. 5:10-12)

- As-tu eu honte de Christ ?
- As-tu évité de t'afficher pour lui ?
- Te plains-tu de la persécution ?

9. Votre lumière devra briller aux yeux de tous, pour que ceux qui vous côtoient remarquent le bien que vous faites (Matt. 5:13-16)

- Est-ce que tu as des amis qui ne savent pas que tu es chrétien ?
- As-tu tenté de te perdre dans la foule ?
- As-tu manqué de dire aux autres que Christ est la raison pour laquelle tu agis ?

10. Si quelqu'un s'affranchit d'un seul de ces commandements – même s'il s'agit du moindre d'entre eux – et s'il apprend aux autres à faire de même, il sera lui-même considéré comme le « moindre » dans le royaume des cieux (Matt. 5 :17-20)

- As-tu considéré un passage de l'Écriture comme insignifiant ?
- Te sens-tu le besoin de justifier une de tes actions qui est contraire à ce que l'Écriture enseigne ?
- As-tu influencé d'autres personnes par ta désobéissance ?

11. Celui qui se met en colère contre son frère sera traduit en justice (Matt. 5 :21-26)

- Te mets-tu facilement en colère ?
- Existe-t-il des personnes contre qui tu es en colère aujourd'hui ?
- As-tu dit des choses qui ont blessé intentionnellement autrui ?

12. Si quelqu'un jette sur une femme un regard chargé de désir, il a déjà commis, dans son cœur, un adultère avec elle (Matt. 5 :27-32)

- Est-ce que tes yeux sont voyeurs ?
- As-tu des habitudes qui sont impures ?
- Es-tu impliqué dans une relation immorale ?

13. Dites simplement Oui si c'est oui, Non si c'est non. Tous ces serments qu'on y ajoute viennent du diable (Matt. 5 :33-37)

- Est-ce que ta parole est toujours digne de confiance ?
- As-tu été irresponsable ?
- As-tu manqué à ta parole ?

14. Si quelqu'un te gifle sur la joue droite, présente-lui aussi l'autre (Matt. 5 :38-42)

- Es-tu prompt à te venger ?
- Veux-tu toujours avoir le dernier mot ?
- As-tu manqué de donner une seconde chance à quelqu'un ?

15. Témoignez de l'amour à vos ennemis et priez pour ceux qui vous persécutent (Matt. 5:43-48)

- Hais-tu quelqu'un ?
- As-tu manqué de prier pour ceux qui te persécutent ?
- As-tu manqué de rendre le bien pour le mal ?

16. Gardez-vous de pratiquer votre justice devant les hommes, pour en être vus (Matt. 6:1)

- Essaies-tu d'impressionner les gens ?
- As-tu besoin d'être le centre d'attention ?
- Fais-tu des choses « spirituelles » en vue d'attirer le regard des autres ?

17. Si donc tu donnes quelque chose aux pauvres, etc. (Matt. 6:2-4)

- As-tu manqué de verser la dîme ?
- Donnes-tu de manière réticente ?
- As-tu manqué de donner avec abondance ?

18. Quand vous priez, etc. (Matt. 6:5-13)

- Penses-tu à autre chose lorsque les autres prient ?
- Est-ce que tes prières sont sincères ?
- Est-ce que tu pries vraiment lorsque tu promets à quelqu'un de le faire ?

19. Si vous pardonnez aux autres le mal qu'ils vous ont fait, votre Père céleste vous pardonnera aussi vos manquements envers lui (Matt. 6:14-15)

- Es-tu amer envers quelqu'un ?
- Est-ce que tu retiens quelque chose contre quelqu'un ?
- Ramènes-tu sur le tapis les offenses du passé ?

20. Chaque fois que vous jeûnez (Matt. 6:16)

- As-tu manqué de jeûner ?
- Est-ce que l'appétit te contrôle ?
- Lorsque tu jeûnes, le dis-tu aux autres ?

21. Ne vous amassez pas des richesses dans ce monde (Matt. 6:19-21)

- Existe-t-il des choses plus importantes à tes yeux que Dieu ?
- Possèdes-tu quelque chose qui soit une idole pour toi ?
- As-tu manqué d'amasser des richesses dans les cieux ?

22. Les yeux sont comme une lampe pour le corps ; si donc tes yeux sont en bon état, ton corps entier jouira de la lumière (Matt. 6:22-23)

- Envies-tu quelqu'un ou quelque chose ?
- As-tu regardé des films à caractère pornographique ?
- Lis-tu des magazines qui ne rendent pas gloire à Dieu ?

23. Ne vous tracassez pas sans cesse (Matt. 6:25-32)

- Es-tu un anxieux par définition ?
- As-tu peur que tu n'aies pas assez pour vivre ?
- As-tu manqué de faire confiance à Dieu pour ses provisions ?

24. Préoccupez-vous donc en premier lieu du règne de Dieu et de ce qui est juste à ses yeux (Matt. 6:33-34)

- Est-ce que Dieu n'est plus à la première place dans ta vie ?
- As-tu manqué de donner à Dieu la priorité dans ton quotidien ?
- As-tu laissé un péché non confessé perdurer ?

25. Ne vous posez pas en juge d'autrui, pour ne pas être mis vous-même en jugement (Matt. 7:1-6)

- As-tu jugé autrui ?
- Te sens-tu supérieur à quelqu'un ?
- As-tu une attitude « plus saint que moi tu meurs » ?

26. Demandez [...] Cherchez [...] Frappez (Matt. 7:7-11)

- As-tu manqué de prier chaque jour ?
- Pries-tu plus pour toi que pour les autres ?
- As-tu manqué de rendre grâce à Dieu pour ses réponses à tes prières ?

27. Tout ce que vous seriez heureux que les autres fassent pour vous, faites-le vous-même pour eux (Matt. 7:12)

- As-tu manqué de servir les autres ?
- Te concentres-tu plus sur ta personne que sur celle des autres ?
- Es-tu sélectif envers ceux que tu sers ?

28. Entrez par la porte étroite (Matt. 7:13-14)

- As-tu refusé de faire quelque chose qui était juste lorsque la situation était difficile ?
- As-tu manqué de t'afficher pour Christ ?
- Laisses-tu les autres te dire ce qu'il faut faire ?

29. Tout arbre qui ne donne pas de bons fruits est arraché et jeté au feu (Matt. 7:15-20)

- Est-il difficile pour les gens de voir du fruit dans ta vie ?
- Est-ce que l'amour, la joie, la paix et la patience sont absents de ta vie ?
- Qu'en est-il de la gentillesse, la bonté, la fidélité, la douceur et la maîtrise de soi ?

30. Pour entrer dans le royaume des cieux, il ne suffit pas de me dire : Seigneur ! Seigneur ! Il faut accomplir la volonté de mon Père céleste (Matt. 7:21-23)

- Existe-t-il des domaines de ta vie dans lesquels tu désobéis délibérément à Dieu ?
- As-tu peur de donner tout le contrôle de ta vie à Christ ?
- Es-tu le patron de ta vie ?

31. Celui qui entend ce que je viens de vous dire et qui agit en conséquence, ressemble à un homme sensé qui a bâti sa maison sur un roc (Matt. 7:24-29)

- Manques-tu d'agir en conséquence lorsque tu entends la parole de Dieu ?
- Te comportes-tu comme si sa Parole n'avait pas d'importance ?
- As-tu manqué de méditer sur elle chaque jour ?

BIBLIOGRAPHIE

Thèse de doctorat

ANZENBERGER, Raphaël. *Formative evaluation of R2E: mentoring a new generation of evangelists for France* [Thèse de doctorat]. Columbia (USA) : Columbia international university, 2011.

Les qualifications de l'évangéliste

BUCHHOLD, Jacques. « Évangéliste ». In *Dictionnaire de théologie pratique*. Charols : Excelsis, 2011.

CARSWELL, Roger. *L'Évangéliste : Un ministère à découvrir*. Saint-Légier : Emmaüs, 2009.

OLFORD, Stephen. The evangelist's gift and ministry. In DOUGLAS, John (éd.). *The work of an evangelist*, p. 143-150. Minneapolis : World Wide Publications, 1983.

PARZANY, Ulrich. The gift and calling of the evangelist. In CONARD W. (éd.). *The mission of an evangelist*, p. 23-30. Minneapolis : World Wide Publications, 2000.

SANDERS, Martin, STAMP, Alain. *Multiplier les leaders : Le mentorat, l'art de l'accompagnement*. Marpent : BLF, 2011.

La vie personnelle de l'évangéliste

BOUNDS, Edward M. *The Complete works of E. M. Bounds on prayer*. Grand Rapids : Baker Books, 2000.

JOHNSTONE, Patrick, MANDRYCK, Jason. *Flashes sur le monde francophone*. Dijon : Éditions missionnaires francophones, 2006.

ORTBERG, John. *The Life you've always wanted*. Grand Rapids (USA) : Zondervan Publishing House, 1997.

Publications de conférences

CONARD, W. (éd.). *The mission of an evangelist*. Minneapolis : World Wide Publications, 2001. Actes du congrès d'Amsterdam 2000, dont ces contributions :

– FINKENBINDER, Paul. The evangelist relies on the Holy Spirit, p. 147-156 ;
– GRAHAM, Billy, RADZIZEWSKI, Bruno. The evangelist and prayer, p. 157-158 ;
– BRIGHT, Bill et Vonette. The evangelist and prayer, p. 159-166 ;
– GRAHAM, Franklin. The evangelist's heart of compassion, p. 167-174 ;
– OLFORD, Stephen. The evangelist's inner life, p. 183-190 ;
– RAINEY, Dennis. The evangelist's family, p. 193-200.

DOUGLAS, J. (éd.). *The calling of an evangelist : The second international congress for itinerant evangelists, Amsterdam, the Netherlands*. Minneapolis : World Wide Publications, 1987, 430 p. Actes du congrès d'Amsterdam 1986, dont ces contributions :
– FORD, Leighton. The evangelist's strength in weakness, p. 19-24 ;
– GRAHAM LOTZ, Anne. The evangelist's faithfulness, p. 39-42 ;
– KRIESE, Richard. The prayer time of the evangelist ;
– OLFORD, Stephen. The evangelist and the personal life of holiness, p. 3-14 ;
– SWEETING, George. The evangelist's passion for the lost, p. 35-38 ;
– TCHIVIDJIAN, Stephan. Your inner life as an evangelist, p. 77-84.

DOUGLAS, J. (éd.). *The work of an evangelist : International congress for itinerant evangelists, Amsterdam, The Netherlands, 1983*. Minneapolis : World Wide Publications, 1984. Actes du congrès Amsterdam 1983, dont ces contributions :
– BARROWS, Cliff. The evangelist and his family : We manage our own families well, p. 55-64 ;
– BRIGHT, Bill. The evangelist's personal witness, p. 25-34 ;
– CHO, Paul Yong-Gi. The evangelist and the life of faith : We walk by faith, not sight, p. 19-28 ;
– FORD, Leighton. The evangelist and the great commission : We preach to the ends of the world, p. 65-72 ;
– GRAHAM LOTZ, Anne. The evangelist and the life of prayer : We labor in prayer, p. 29-34 ;
– GREEN, Michael. The evangelist and spiritual freshness of life : We press on toward the mark, p. 47-54 ;
– HILL, Edward. The evangelist and the glory of God : We magnify his name, p. 19-28 ;
– PALAU, Luis. The evangelist and his personal life : We are called to be holy, p. 11-18.

Les tâches de l'évangéliste

ANZENBERGER, Raphaël. « Évangélisation (historique et pratique) ». In *Dictionnaire de théologie pratique*. Charols : Excelsis, 2011.

Olford, Stephen. The evangelist's gift and ministry. In Douglas, John (éd.). *The work of an evangelist*, p. 143-150. Minneapolis: World Wide Publications, 1983.

Parzany, Ulrich. The gift and calling of the evangelist. In Conard W. (éd.). *The mission of an evangelist*, p. 23-30. Minneapolis: World Wide Publications, 2000.

Spencer, F. Scott. « Philip the evangelist ». In Martin, Ralph, Davids, Peter (éditeurs). *Dictionary of the later New Testament and its developments*. Downers Grove (USA): InterVarsity Press, 1997, p. 929-931.

Le message de l'évangéliste

Anzenberger, Raphaël. « Les nouvelles spiritualités: l'engouement contemporain pour la spiritualité », *La Revue Réformée*, vol. lxii, Aix-en-Provence: Kerygma, 2011.

L'Église locale et l'évangéliste

Kuen Alfred. *Ministères dans l'Église*. Saint-Légier: Emmaüs, 2008.

Kuen Alfred. *Pourquoi l'Église*. Saint-Légier: Emmaüs, 2008.

Paya, Christophe, Huck, Bernard (directeurs). *Dictionnaire de théologie pratique*, Charols: Excelsis, 2011, 678 p.

La formation au ministère

Makhanya, Gideon Mahlanthini. Teaching and training lay evangelists. In *The calling of an evangelist*, Minneapolis: World Wide Publications, 1986.

Sanders, Martin, Stamp, Alain. *Multiplier les leaders: Le mentorat, l'art de l'accompagnement*. Marpent: BLF, 2011.

Schwarz, Christian. *Natural Church development*, St Charles (USA): ChurchSmart resources, 2000.

Publications de conférence

Conard W. (éd.). *The mission of an evangelist*. Minneapolis: World Wide Publications, 2000. Recueil de contributions dont celles-ci:
- Burklin, Werner. The training and development of evangelists;
- Evans, Mike. Training church-planting evangelists;
- Ford, Leighton. Leadership development for evangelists.

Du même auteur

Moi aussi je voudrais croire ! Mais…

Raphaël Anzenberger
Collection *Nouveau Départ*

L'auteur vous propose de redécouvrir celui qui vous invite à croire : Jésus-Christ. Il a vécu sur notre terre il y a 2000 ans. Il incarne encore aujourd'hui une image de Dieu qui déroute, différente de celle que nous ont laissée nos lointains souvenirs de catéchisme.

Cet ouvrage captivant répond aux objections les plus fréquemment formulées à l'encontre de Dieu. Le lecteur y trouvera matière à méditer ; il découvrira que la Bible est riche en réponses qui stimulent la réflexion et étanchent la soif du cœur humain.

96 pages • Réf. 2132

Du même éditeur

L'Engagement du Cap

Une confession de foi et un appel à l'action

L'*Engagement du Cap* est le fruit du 3e congrès de Lausanne pour l'évangélisation du monde (Le Cap, Afrique du Sud, 16-25 octobre 2010). Il servira de feuille de route du Mouvement de Lausanne pour les dix prochaines années. Son objectif ? Pousser les Églises, organisations missionnaires, centres de formation théologique et chrétiens dans le monde du travail à participer à sa mise en œuvre.

Édité par BLF sous la responsabilité du CNEF.

112 pages • Réf. 2465

Du même éditeur

Multiplier les leaders

Le mentorat, l'art de l'accompagnement

Martin Sanders et Alain Stamp

Urgent / Une nouvelle génération de leaders se lève en France et en francophonie !
De quoi ont-ils besoin pour prendre la place que Dieu leur assigne dans l'Église, l'évangélisation ou la mission ? **D'accompagnement, de modèles, de confiance, d'autorité, d'amitié, de conseils... en un mot : de mentors.**

Vous aimeriez être l'un de ces mentors ? Au contraire, vous souhaitez être accompagné, devenir « protégé » ? À quoi aspirez-vous, de quoi avez-vous besoin ?
Découvrez en quoi et comment le mentorat est une véritable pédagogie pour former des hommes et des femmes de Dieu. Et comment vous pouvez, vous aussi, vous investir...

L'excellente étude du mentorat par Martin Sanders est complétée par plusieurs réflexions et témoignages d'expériences menées en francophonie, collectées par Alain Stamp.

Les deux auteurs sont membres de la communauté internationale de mentors initiée par Leighton Ford.

256 pages • Réf. 2108

Martin Sanders / Pasteur, professeur et consultant, il consacre sa vie à développer le potentiel des responsables chrétiens. Après des années d'expérience pastorale, il forme aujourd'hui des leaders, des pasteurs et des missionnaires dans plus de trente pays. Il est marié et père de quatre enfants adultes.

Alain Stamp / Évangéliste depuis 35 ans, il concentre depuis plusieurs années une part de plus en plus importante de son ministère comme mentor de serviteurs de Dieu confirmés et de jeunes leaders émergents. « Le plus beau ministère », aime-t-il à dire !

Catalogue complet sur
www.blfeurope.com

Éditions BLF • Rue de Maubeuge • 59164 Marpent • France
Tél. (+33) (0) 3 27 67 19 15 • Fax (+33) (0) 3 27 67 11 04
info@blfeurope.com • www.blfeurope.com